LES OUBLIÉS

II

BERNARD PALISSY

Par M. Louis AUDIAT

Secrétaire de la Commission de l'œuvre de la statue de B. Palissy

SAINTES
Chez **FONTANIER**, éditeur.

1864

BERNARD PALISSY

BERNARD PALISSY   Typ. Lassus.

Il est des hommes pour lesquels la postérité commence dès leur vivant, ou dès qu'ils ont fermé les yeux. Sur leurs cadavres tièdes encore, on jette fleurs et regrets, panégyriques et couronnes ; c'est l'accompagnement nécessaire aujourd'hui de tout cortége funéraire. On fait plus. Leur fosse est à peine comblée que déjà on y pose le piédestal de marbre où va se dresser bientôt leur statue en bronze. Quel dommage qu'ils n'aient pas vécu quelques jours de plus ! Ils eussent pu s'admirer debout, dans une pose savante, à la plus grande gloire du sculpteur.

Nous n'attendrons plus cent ans, comme l'Eglise l'exige pour la canonisation des Saints ; nous faisons des apothéoses au pied levé. Et c'est avec raison. Qui peut assurer que le buste, honoré aujourd'hui ne sera pas conspué demain, et qu'on ne traînera pas aux gémonies celui qu'on élevait hier sur le pavois? Les Romains commençaient par assassiner leurs empereurs, sauf ensuite à en faire des dieux : ils ne les trouvaient pas dignes d'habiter la terre ; ils leur donnaient l'Olympe pour séjour. Les Grecs versaient la ciguë à leurs meilleurs citoyens, et, morts, regrettaient amèrement de ne les pouvoir rappeler à la vie. Mieux inspirés que les Hellènes, plus gracieux que les Latins, nous nous hâtons de glorifier bien vite nos grands hommes du jour pour n'avoir plus à y penser. Si plus tard on nous demande quel est ce personnage à pied ou à cheval qui occupe notre place publique, nous serons dispensés de le savoir, et ce soin regardera nos descendants. A chacun son lot, en effet : à nous de l'avoir fêté, exalté ; à eux de s'informer pourquoi.

Ce n'est pas là l'histoire d'un homme dont on prépare en ce moment même le monument.

Bernard Palissy est mort, il y aura bientôt trois cents ans. La ville de Saintes où il a passé une grande partie de sa vie, où il a fait sa découverte de l'émail qui l'a surtout rendu célèbre, a attendu longtemps pour rendre justice à son génie. Aujourd'hui son nom ne soulève plus les controverses qui, à d'autres époques, auraient pu s'échauffer à son sujet. Les uns ne lui reprocheront pas d'avoir été un serviteur dévoué de la royauté, le protégé des Grands d'alors, des Jarnac, des Pons, des La Rochefoucauld, des Coucis, des Montmorency, l'obligé reconnaissant de Catherine de Médicis, ni d'avoir obtenu de Charles IX le brevet d'inventeur des rustiques figulines du Roi, ou d'avoir été appelé Bernard des Tuileries. Les autres ne lui feront pas un crime irrémissible d'avoir sincèrement et de bonne foi embrassé l'hérésie dont, au commencement, les dehors spécieux en avaient trompé bien d'autres. Si quelque sentiment s'émeut à cette occasion, ce sera le désir de rendre des honneurs mérités à un homme qui nous a donné un magnifique exemple d'opiniâtreté et d'énergie dans le travail ; ce sera la joie de récompenser enfin l'auteur de tant de gracieux chefs-d'œuvre, le chimiste distingué, l'agronome remarquable, le géologue éminent dont la France est fière à bon droit. Le culte désintéressé de l'art ou de la science doit être encouragé en nos temps, ne serait-ce qu'à titre de protestation contre le matérialisme qui nous envahit. Tout ce qui peut nous élever un peu au-dessus de la terre a droit à nos encouragements. Un pas fait au dessus du sol humain nous rapproche de Dieu.

* * *

L'idée d'élever une statue à Bernard Palissy n'est pas nouvelle, heureusement. Jamais, depuis bientôt trois cents ans que le potier Saintais est mort, jamais la Saintonge n'a perdu la mémoire de l'artiste qui fait sa gloire. Comme ces mains pieuses qui entretiennent des fleurs sur une tombe déjà ancienne, elle a conservé son souvenir avec tendresse et reconnaissance. Des hommes de cœur ont pris garde que l'oubli, linceul funèbre, n'enveloppât son nom, au moins chez ses compatriotes d'adoption. Dans les journaux et dans les livres, de vive voix et par écrit, ils ont rappelé à la province qu'elle avait une dette à payer. Grâces leur soient rendues, d'avoir ainsi interrompu la prescription et avancé l'heure de la libération !...

VIII

* **

Ils sont nombreux, ceux qui ont demandé un monument pour Bernard Palissy. Essayons d'en nommer quelques-uns, tous ceux que je connais au moins. Les autres me pardonneront un oubli involontaire.

Joseph Eschassériaux, député de Saintes, dès l'an III, présenta à la Convention un projet de loi, au nom du comité d'agriculture de Paris. Pour payer un tribut de reconnaissance à deux hommes qui avaient, au XVIe siècle rendu, le plus de services à l'agriculture, le rapporteur, dans un travail de quarante-sept pages, où sont indiqués les moyens les plus propres à faire fleurir l'agriculture en France, demandait qu'on élevât un monument à Bernard Palissy et à Olivier de Serres. Le texte de ce projet de loi est ainsi conçu :

« Article 1er.

« La Convention nationale, voulant récompenser
« le génie dans quelque siècle qu'il ait vécu,

« Décrète

« Que Bernard Palissy et Olivier de Serres ont
« bien mérité de la science et de la nation, et que
« leurs bustes seront placés dans la salle de la
Convention. »

Il ne paraît pas que ce projet ait été exécuté ; mais c'était déjà un hommage rendu à Palissy, et un point de départ pour l'avenir. Olivier de Serres a sa statue à Villeneuve-de-Berg. Maître Bernard aura bientôt la sienne à Saintes.

*
* *

Au commencement de ce siècle le *Mercure de France* annonça que la *Société d'agriculture, sciences et arts* d'Agen mettait au concours l'éloge de Bernard Palissy. Mais le travail des concurrents ne répondit qu'imparfaitement aux exigences du sujet.
Dans sa *Notice sur l'Hôtel de Cluny*, en 1834. M. Du Sommerard daigna s'occuper (page 26) de Bernard Palissy. La même année, la *Revue de Paris* donnait sur lui un travail de M. Schœlcher. En 1835 M. Miel lut à la *Société des Beaux Arts* sur le même sujet un court essai de biographie qui fut inséré dans les *Mémoires* de la Société.
Deux ans plus tard, parut le *Bernard Palissy* de M. G. Trébutien, dans ses *Portraits et histoires des hommes utiles* (page 49) ; et en 1842, le *Cabinet de l'amateur* imprima de M. Eugène Piot une étude consciencieuse et longue sur le grand céramiste, mais écrite dans « un style trop souvent déplorable, » dit M. Duplessis.
La Saintonge, pendant ce temps, se taisait, ou à peu près. Pourtant, de fois à autre, à la *Société d'agriculture sciences et arts*, de Saintes, on entendait des hommes d'initiative, M. le comte de Brémond d'Ars, M. d'Abzac, M. Moreau, jeter en avant le nom de leur compatriote oublié.
Au mois d'août 1844, dans une revue qui paraissait à Bordeaux, *le Lecteur*, M P. Jônain, en étudiant Maître Bernard comme agronome, écrivit que « l'arrondissement de Saintes était débiteur d'une statue » à l'éminent agriculteur.
Trois mois après, se créait à Saintes un journal, l'*Union*, qui plus tard, sans aucun sacrifice d'opinion, s'appela l'*Union républicaine*. Depuis long-

temps l'ancienne capitale de la Saintonge était privée d'un organe sérieux de publicité périodique ; on pouvait prévoir que bien des questions locales allaient être traitées dans cette feuille, qui comptait des collaborateurs actifs et intelligents ; Palissy ne pouvait être passé sous silence.

Le 3 avril 1845, dans le 20° numéro, à propos de la publication à Paris des *Œuvres de Palissy* par M. P.-A. Cap, chez Dubochet 1844, un écrivain qui signait « un abonné de Cozes », et qui doit être l'auteur des mêmes articles augmentés qu'a réédités, l'*Indépendant de la Charente-Inférieure* en mai, juin et juillet 1864, commença une série de feuilletons sur Bernard Palissy, agronome, physicien, chimiste, géologue, potier de terre et chrétien réformé. Il demandait aussi une statue pour lui.

Le 15 mai, M. Dangibeaud, juge au tribunal de Saintes, publiait le travail *La maison et l'atelier de Bernard Palissy*, depuis réuni à quelques autres articles du même auteur, sous ce titre *Saintes au XVI° siècle*, par M. de la Morinerie, et voulait aussi une statue pour l'illustre artisan.

La rédaction en même temps annonçait qu'une liste de souscriptions déjà couverte de 50 signatures par l'initiative d'un libraire de la ville, M. Charrier, était déposée au bureau du journal, et chez M. Bourbaud, libraire. Cette annonce mit fin à ce commencement d'action ; dès lors il ne fut plus question de la statue du potier de Saintes. La souscription cependant était toujours ouverte. Je crois qu'elle l'est encore.

Pourtant, en juillet 1846, il y eut un mot de rappel. Mais quelqu'un écrivit que « Bernard Palissy n'avait fait pour les Saintongeais que des plats cassés depuis longtemps. » La rédaction protesta d'un mot ; et tout fut dit.

* *

Palissy put dormir tranquille dans sa tombe; les clameurs d'enthousiasme et les cris d'admiration ne troublaient point son paisible repos. Si son souvenir pareil au feu de l'antique Vesta, était fidèlement entretenu par quelques hommes studieux, c'était si discrètement qu'il semblait bien éteint.

Il parut se ranimer sur un autre point. En 1855, la ville d'Agen, qui compte Maître Bernard parmi ses enfants, — elle se vante, — mit au concours l'éloge du potier saintongeais. Dix mémoires, cette fois, lui furent adressés. Parmi eux, la Société distingua une *Etude sur la vie et les travaux de Bernard Palissy* par M. Henri Feuilleret, ancien professeur d'histoire au collège de Saintes, à qui elle décerna une première mention honorable; un travail sur *Bernard Palissy et ses œuvres* par M. Georges Besse, pharmacien à Caussade (Tarn-et-Garonne), à qui elle donna une seconde mention honorable. Le prix, consistant en une médaille d'or de 500 fr., fut obtenue par M. Camille Duplessis, de Versailles, auteur d'une *Etude sur la vie et les travaux de Bernard Palissy*, qui fut imprimée au tome VII du *Recueil des travaux de la Société*. — Agen, 1855, chez Paul Noubel. —

Au moment où M. Cazenove de Pradines, rapporteur de la Commission du concours, achevait son travail, un statuaire distingué, M. Rochet, auteur de la statue de Guillaume-le-Conquérant à Falaise, de celles de Napoléon et du général Drouot, proposa à la société et à la ville d'Agen de couler gratuitement en bronze la statue colossale de Bernard Palissy. L'offre fut trouvée fort avantageuse, et l'artiste fut vivement remercié. On attendit donc patiemment que le métal et les sommes nécessaire pour le monument tombassent du ciel. Elles ne tombèrent pas.

* *

La Saintonge, elle, se recueillait; elle se gardait pour le bon moment; elle laissait les autres préparer le terrain, jeter la base du monument, et façonner le socle, se réservant, le jour venu, d'y poser le statue.

Dix-neuf ans après la tentative infructueuse de l'*Union*, le 10 janvier 1864, le *Courrier des deux Charentes*, par la plume de son jeune rédacteur en chef, M. P. Conil, publie un article sur Bernard Palissy, en prenant pour épigraphe cette phrase d'un discours prononcé au mois d'août 1861 par l'auteur du présent opuscule : « Souvenons-nous que Louis XIV » attend sa statue à Rochefort, Louis IX la sienne à » Taillebourg, et Palissy à Saintes. »

Ainsi mis en cause, l'auteur crut devoir répondre qu'il n'avait point changé d'idée à cet égard; et dans le numéro du 14 janvier, il écrivit une lettre pour appeler l'attention sur ce héros du travail et de l'art qui se nomme Bernard Palissy. Les journaux du département, les journaux de Paris et de la province, les journaux étrangers eux-mêmes voulurent bien s'occuper de cette statue qu'on essayait encore une fois d'asseoir sur un piédestal.

Ils répétèrent les articles écrits à ce propos. L'écho sympathique que le cri, poussé par le *Courrier des deux Charentes*, trouva dans tous les cœurs — je dis *tous*, pour ne point faire même une exception — prouva que le moment était venu de se mettre énergiquement à l'œuvre. On avait assez parlé ; il fallait agir.

* * *

Un artiste de mérite, M. Ferdinand Taluet, élève de David d'Angers, donna corps au rêve en envoyant, le 2 février, un projet de statue à Saintes. C'était une œuvre longtemps caressée. Elle était digne, quoique imparfaite comme toute esquisse, du grand homme qu'elle représentait.

Le 8 février, le conseil municipal de Saintes, sur la proposition du maire, M. Vacherie, vote une statue à Bernard Palissy, et nomme, pour en préparer l'érection, une Commission composée des plus illustres enfants de la Saintonge, des hauts fonctionnaires du département, et des hommes qui par leur position, leurs études pouvaient utilement en faire partie.

C'étaient :

MM. Le comte P. de Chasseloup-Laubat, de Marennes, ministre de la marine et des colonies ;
Vacherie, maire de Saintes ;
Le maréchal Régnault de Saint-Jean-d'Angély ;
L'amiral Rigault de Genouilly, de Rochefort ;
Le baron de Chassiron, de La Rochelle, sénateur ;
Doret, de Saint-Jean-d'Angély, sénateur ;
Le comte Louis Lemercier, de Saintes, sénateur ;
Boffinton, préfet de la Charente-Inférieure ;
Mgr Landriot, Evêque de La Rochelle et de Saintes ;

MM. Le baron Eschasériaux, Roy, Roy-Bry, le baron Vast-Vimeux, députés de la Charente-Inférieure ;
G. de Champagnac, sous-préfet de Saintes ;
Savary, président du tribunal civil ;
Tercinier, président du tribunal de commerce ;
Bargignac, juge de paix à Cozes ; Butaud, docteur en médecine à Saujon ; Delauson, ancien conseiller à la cour impériale de Poitiers ; Huon, juge de paix à Gemozac ; le baron Oudet, juge de paix à Saint-Porchaire ; Rigaud, docteur en médecine à Pons, membres du conseil général ;
Le comte Tanneguy Duchâtel, ancien ministre ;
Dufaure, ancien ministre, membre de l'Académie française ;
Le vicomte Anatole Lemercier, ancien député ;
Le général de Brémond d'Ars, Des Mesnards, Giraudias, avocat, Mestreau, banquier, membres du conseil municipal ;
L'abbé Lacurie, président de la *Commission des arts et monuments* ;
Louis Audiat, membre de la *Commission des arts et monuments* ;
Moreau, bibliothécaire ;
Du Sommerard, directeur du musée de Cluny, à Paris ;
V. Vallein, rédacteur de l'*Indépendant*, de Saintes ;
P. Conil, rédacteur du *Courrier* de Saintes ;
Fontorbe, architecte de la ville ;
Delange, éditeur de la *Monographie de l'œuvre artistique de Bernard Palissy*, à Paris.

Deux membres seuls, vu l'état de leur santé, M. Bargignac et M. le comte Louis Lemercier, depuis décédé, ne purent accepter cette mission.

L'autorisation nécessaire pour l'érection de la statue fut sollicitée aussitôt, et un décret impérial du 12 mars approuva la délibération du conseil municipal de Saintes.

* * *

Le 10 avril suivant, la Commission se réunit. Elle choisit pour président d'honneur M. le comte Prosper de Chasseloup-Laubat, ministre de la Marine et des Colonies; pour président M. Vacherie, maire de Saintes, membre du conseil général, chevalier de la légion d'honneur; pour secrétaire M. Louis Audiat, membre de la *Commission des arts et monuments de la Charente-Inférieure*; pour trésorier M. Mestreau, banquier; et pour rapporteur M. Conil. Une sous-commission, composée, outre les membres du bureau, de M. G. de Champagnac, sous-préfet de l'arrondissement, de Brémond d'Ars, membre du conseil municipal et Giraudias, avocat, fut chargée d'agir au nom de la Commission.

Des lettres et des circulaires furent envoyées partout; des souscriptions furent organisées de toutes parts. Un concours fut ouvert parmi les sculpteurs pour le monument de Bernard Palissy.

Au 5 juillet, neuf artistes avaient envoyé à Saintes treize projets, ce sont:

MM. Badiou de la Tronchère, auteur du groupe de Valentin Haüy à l'Institut impérial des jeunes Aveugles;

Bogino, auteur de la statue du comte Régnault à Saint-Jean-d'Angély;

Doublemard, grand prix de Rome en 1855, auteur de la statue du maréchal Serrurier à Laon;

Etde, auteur de deux grouppes pour l'hôpital du Nord à Paris ;

Lequien, auteur du buste du maréchal d'Ornano, et de la statue de Livie à Compiègne ;

Le Véel, auteur de Napoléon à Cherbourg ;

Henri Maignant, d'Angoulême ;

Moris, auteur d'une statue équestre de Napoléon,

et Taluet, auteur d'une statue de la Renaissance au Louvre, du buste de Victor Jaquemont au jardin des Plantes, etc.

Je n'entreprendrai pas d'apprécier les mérites divers ou de signaler les défauts de ces maquettes, qui sont loin d'être toutes égales. C'est un soin dont le rapporteur de la Commission s'est acquittée avec une mesure, une habileté et une science de la matière qui lui ont valu des éloges unanimes, et la satisfaction flatteuse d'avoir vu ses propositions acceptées. On peut lire ce remarquable travail dans le numéro du *Courrier des Deux Charentes* du 31 juillet 1864.

Le 19 juillet, après une séance de trois heures et une discussion approfondie, la Commission confia le soin de sculpter son éminent artiste à M. Taluet, dont l'esquisse réalisait le plus complétement et le plus heureusement l'idée que l'on se fait de Maître Bernard, savant profond et austère, caractère énergique et ferme, homme de pensée et homme d'action. M. Taluet en se chargeant de cette grande figure du penseur saintongeais, est engagé d'honneur à nous donner un chef-d'œuvre. Il en est capable.

De plus la Commission, vu l'éclat du concours et le mérite des esquisses envoyées, a décerné une médaille d'or de cinq cents francs à M. Le Véel, une d'argent de trois cents à M. Bogino et une de bronze de deux cents, à M. Doublemard. Deux autres artistes dans ma pensée, auraient pu aussi légitimement prétendre à de semblables distinctions, et nul doute que la Commission n'eût accordé quelque témoignage de satisfaction à MM. Moris et Lequien, si la crainte de diminuer le prix de ses récompenses en les mutilpliant ne l'eût arrêtée.

*
* *

J'ignore en qnoi sera la statue qui se prépare. L'artiste la sculptera-t-il en marbre ou la coulera-t-il en bronze ? J'ai grand peur qu'on choisisse le bronze. Le marbre est plus beau, plus artistique, plus sculptural. Mais on s'attache à l'airain comme plus durable, surtout sous notre climat pluvieux ; on redoute la malveillance, le coup de pierre d'un polisson qui brisera le bras du grand homme. Hélas ! Redoutez davantage la cupidité. Un métal précieux excite trop les convoitises. On ne cassera pas les doigts ou le nez de votre héros ; on le jettera tout entier au creuset. C'était bien la peine de ramasser quelques milliers de pièces d'argent et de charger un sculpteur de vous élever un chef-d'œuvre, pour qu'un jour le chef-d'œuvre se transforme en gros sous ! *Quot libras in duce summo !* On rencontre encore quelques statues de pierre ou de marbre qui ont survécu à toutes les révolutions, à toutes les destructions, à toutes les intempéries ; combien en trouvez-vous d'or, d'argent ou d'airain ?

Je n'insiste pas, ayant touché déjà ce point-là dans un travail sur l'*Architecture religieuse au moyen-âge*.

XVIII

*
* *

Aujourd'hui le succès de l'œuvre entreprise est assurée. Chacun y a apporté sa part de grande bonne volonté. On peut juger par la liste suivante des premiers et principaux souscripteurs avec quelle faveur la proposition a été accueillie par tous sans distinction d'opinion et de parti. Et en cela la Commission a merveilleusement réussi puisqu'elle a voulu éviter de donner à son projet l'ombre d'une passion religieuse ou d'un intérêt politique.

	fr.	c.
MM. le comte Prosper de Chasseloup-Laubat, ministre de la marine et des colonies,	300	»
Vacherie, maire de Saintes,	100	»
le maréchal Regnault de Saint-Jean-d'Angély,	100	»
l'amiral Rigault de Genouilly,	100	»
le comte Louis Lemercier,	100	»
Roffinton, préfet de la Charente-Inférieure,	100	»
Mgr Landriot, évêque de La Rochelle et de Saintes,	100	»
le baron Eschassériaux, député de Saintes et Jonzac,	100	»
Roy, député de Saint-Jean-d'Angély,	100	»
Roy-Bry, député de Rochefort,	100	»
le baron Vast-Vimeux, député de La Rochelle,	100	»
G. de Champagnac, sous-préfet de Saintes,	100	»
le comte Tanneguy Duchâtel,	200	»
le comte Anatole Lemercier, ancien député,	200	»
Frédéric Mestreau, banquier à Saintes,	100	»
le collége de Saintes,	263	55
Dupuy, négociant à Cognac,	100	»
Bazaine, ingénieur en chef des ponts-et-chaussées à Paris,	100	»
la compagnie du chemin de fer des deux Charentes,	1 300	»

	fr.	c.
Duruy, ministre de l'instruction publique,	100	»
le marquis de Dampierre,	100	»
Bourraud, maire de Cognac,	100	»
L. Marcotte de Quivières et Mlle Anne de Quivières,	150	»
le consistoire de Nîmes,	100	»
la Société française d'archéologie pour la conservation des monuments,	100	»
le comte de Chambord,	200	»
Paul Bethmont,	200	»

Je pourrais allonger cette liste; je pourrais citer l'envoi fait à la Commission par M. Delange, éditeur à Paris, d'un exemplaire de la *Monographie de l'œuvre artistique de Bernard Palissy*, ouvrage qui se vend 400 francs en librairie; l'offre de M. Benjamin Fillon, de Fontenay-le-Comte, d'un exemplaire de son *Art de terre chez les Poitevins*, où le produit d'une première représentation au théâtre de Saintes, 30 juillet 1864, d'un drame de *Bernard Palissy*, par MM. Eusèbe Bombal et Auguste Lestourgie; la publication au profit de l'œuvre d'un dialogue en vers saintongeais, *Maître Brenard Parici*, par M. E. Giraudias, avocat; une loterie départementale que va organiser M. Oscar Guiard, libraire à Saintes.

Il faudrait ensuite énumérer toutes les sommes recueillies sou par sou dans les communes rurales ou à Saintes; elles montreraient plus par l'empressement que par la quotité des souscriptions la sympathie que le projet de monument a rencontrée partout.

	fr.	c.
Saintes, faubourg Saint-Eutrope,	246	10
— faubourg Saint-Palais,	228	95
— quartier Saint-Pierre (est),	547	20
— quartier Saint-Pierre (ouest),	646	55

	fr.	c.
Saintes, quartier Saint-Vivien,	694	25
la commune de Rouffiac,	73	75
— de la Chapelle-des-Pots.	74	55
— Tesson,	52	80
— Colombiers,	32	95
— Malaville (Charente),	11	»
— Beurlay,	10	»
— Villars-les-Bois,	27	»
— Saint-Bris-des-Bois,	20	»
— Rioux,	36	»
— Villars-en-Pons,	15	»
la commune et l'école de Montpellier,	13	40
— de Vénérand,	95	50
Pons, 1er versement,	163	»
Saujon,	53	»
Gemozac,	35	75
Dompierre,	58	45
Geay,	11	»
Biron,	10	»
Saint-Georges-de-Didonne,	23	50
Ecurat,	29	10
Thezac,	44	»
Lajard,	18	»
Saint-Georges-des-Côteaux,	31	25
Saint-Saulvant,	66	25

Chaque jour voit arriver de nouvelles sommes à la caisse du trésorier.

*
* *

Pour moi j'ai cru devoir faire plus exactement connaître celui dont nous préparons le monument, et j'ai vu dans ce travail une partie de la tâche que la Commission m'avait bien voulu imposer, comme au plus jeune de ses membres. On a accumulé, presque à plaisir, les fables et les erreurs sur le compte du potier écrivain. J'ai fouillé, compulsé, consulté; je n'ai pas arraché toutes les erreurs; elles sont si tenaces! j'ai au moins, je le crois, nettoyé et purgé un peu le champ. Désormais on ne pourra plus rééditer une foule d'histoires inventées par l'ignorance répétées par la routine. On me pardonnera donc si j'ai laissé pénétrer quelques unes de ces bévues, qu'on reproche aux autres souvent en s'en rendant coupable. J'accueillerai avec reconnaissance toutes les inexactitudes qu'on me voudra bien signaler et tâcherai de rectifier. A défaut d'une œuvre de talent, je voudrais avoir fait un recueil de faits et de documents utiles.

Malheureusement, mon volume de près de 400 pages est incomplet. Par suite de circonstances particulières et de misères typographiques, qui s'attachent surtout, dit-on, à qui imprime un livre en province, il m'a fallu abréger, et abréger tellement que les vingt-cinq dernières de mon personnage sont racontées en un peu plus de vingt-cinq lignes. Qu'on ne vante plus la concision de Tacite!

Pourtant, si l'on consent à ne voir dans ce livre qu'une partie de la biographie, on remarquera que ce fragment est un tout : c'est Palissy à Saintes, Palissy tant qu'il appartient à la Saintonge, et à l'art devrais-je ajouter. Plus tard, si Dieu m'accorde ce qui m'a manqué pour ce volume, j'achèverai ce qui n'est pas même indiqué ici.

Petit livre deviendra gros,
Pourvu que Dieu me prête vie.

Saintes, août 1864.

NOTA. — On a mis en tête de ce volume dont j'avais désiré faire un petit chef-d'œuvre typographique — s'en douterait-on ! — une gravure. Elle est empruntée au *Moniteur illustré des Inventions* qui me l'a bien voulu confier. D'aucuns affirment que c'est le portrait de Palissy. Je n'en crois rien. J'ai raconté au chapitre V l'histoire de ces prétendues portraitures de l'austère Saintongeais. Elles n'ont rien d'authentique, et la plus accréditée même est une offense envers la mémoire du grand penseur.

I

Il n'y a guère que trois écrivains qui, au xvi° siècle, aient parlé de Bernard Palissy. Et encore n'en ont-ils dit que quelques mots; ce sont : Théodore Agrippa d'Aubigné, né à Saint-Maury, près de Pons, en Saintonge, le 8 février 1551 ; François Grudé de Lacroix du Maine, né en 1552, au Mans, l'auteur d'une *Bibliothèque française* où il catalogue tous les écrivains français antérieurs à l'année 1584 ; enfin Pierre de l'Estoille, grand audiencier de la chancellerie de France, né à Paris, en 1540. Le premier fait naître Bernard Palissy en 1499 ; le second, après 1515 ; et le dernier en 1510. Si les contemporains, qui furent, l'un son quasi compatriote, l'autre son presque coréligionnaire, et le troisième son ami, ont si peu fait coïncider les dates, comment les biographes de nos jours pourraient-ils s'accorder? Aussi adoptent-ils un de ces trois millésimes, indifféremment, chacun suivant ses prédilections particulières ; ou bien ils fixent deux limites extrêmes entre lesquelles Bernard Palissy a eu tout le temps de venir au monde. L'opinion qui cependant me paraît la plus probable, et que j'adopte pour moi, est celle de Pierre de l'Estoille. Pierre de l'Estoille avait, comme il le dit lui-même, « aimé et soulagé en sa nécessité » le pauvre artiste ; et Palissy en mourant lui avait laissé quelques minéraux, comme souvenir et témoignage de reconnaissance. C'est donc là un témoin qu'on peut croire, à défaut de documents authentiques. Ainsi Bernard Palissy est né en 1510.

II

Sept villes se disputèrent Homère. Quatre provinces seulement réclament Palissy : l'Agenois, la Saintonge, le Périgord et le Limousin. L'espace est vaste. Choisissez dans ces quatre pays le coin de terre où vous voudrez placer son berceau ; nul ne pourra vous démentir. Vous trouverez même des écrivains tout prêts à corroborer votre préférence. Optez-vous pour le Périgord? M. Amédée Matagrin, avocat à Périgueux, vous dira : « Il nous appartient vraiment tout entier. » — Voir BERNARD PALISSY, *sa vie et ses ouvrages*, par Amédée Matagrin, avocat, docteur en droit, directeur du *Chroniqueur du Périgord et du Limousin*, rédacteur en chef du *Périgord*; Périgueux, 1856. —

Prenez-vous l'Agenois? M. Cazenove de Pradines, président de la *Société d'agriculture, sciences et arts d'Agen*, vous applaudira fort. Limoges, avec ses fabriques de porcelaines et ses émailleurs, pourrait vous tenter? N'hésitez pas; les Limousins vous prouveront que c'est chez eux qu'il a dû apprendre son art. Il pourrait même y être né; il dit assez de mal d'eux pour cela.

Il fallait concilier ces prétentions, et mettre d'accord ces rivalités de provinces. On y est parvenu. A quoi n'arriveraient pas les gens d'imagination?

Il existe dans le département actuel de la Dordogne, à 36 kilomètres sud-est de Bergerac, un chef-lieu de canton de 1,129 âmes, qui a nom Monpazier. C'était jadis une petite ville assez forte. Fondée en 1284, par Edouard 1er, duc d'Aquitaine, elle montre encore des tours, des murs d'enceinte, qui attestent son ancienne importance. Près de là se trouve Biron, antique demeure des Gontaut, barons de Biron, et seigneurs de Brisambourg en Saintonge. Biron a donné son nom à ses seigneurs: c'était naturel; mais il l'a aussi prêté à un gros village du voisinage, *La Capelle*, qui s'est ainsi appelée *La Capelle-Biron*. La Capelle-Biron, placée dans le canton de Montflanquin, est du département du Lot-et-Garonne. Voilà un endroit admirablement situé. A la limite de deux départements, il fait en outre un peu partie des deux provinces Périgord et Agenois. Or, comme l'ancien Périgord s'étendait sur une portion des départements actuels de la Corrèze, du Lot et de la Haute-Vienne, on fera naître Palissy à La Capelle-Biron; il étudiera à Monpazier. De cette sorte, Agenois par La Capelle, Périgourdin par Biron; il sera de plus Limousin par sa province. En vérité, en vérité, La Capelle-Biron est un lieu merveilleusement inventé. Etonnez-vous que la plupart des dictionnaires historiques, et la majorité des écrivains l'adoptent: il contente tout le monde... et les Limousins.

Il y a cependant une raison qui a fait désigner La Capelle-Biron préférablement à tout autre bourg; la voici; écoutez bien: « M. de Saint-Amans, qui a visité, il y a peu d'années, les tuileries de Palissy, nous apprend que la famille de ce nom existe encore aux environs du village de Biron, près de Montpazier, sur les limites du Périgord et de l'Agenois. » C'est ce qu'on lit à la page 396 du tome II des *Mémoires de la Société royale des antiquaires de France:* c'est ce qu'a répété M. Michaud dans sa *Biographie universelle*, à l'article *Palissy*, d'où je tire la citation. Que vous en semble? Le motif n'est-il pas déterminant?

La phrase si vague que je viens de transcrire prouve peut-être deux choses ; l'existence à La Capelle-Biron d'une tuilerie appelée *Tuilerie de Palissy*, et la présence, dans ce village, d'une famille portant son nom. Mais cela prouve-t-il que Bernard Palissy y soit né ? Alors nommons vite *Imprimerie de Guttemberg* une imprimerie quelconque d'Epinal ou de Mont-de-Marsan ; et dans cent ans d'ici, Strasbourg et Mayence ne se disputeront plus l'illustre inventeur de la typographie ; il appartiendra à Mont-de-Marsan, à moins que ce ne soit à Epinal.

A ce compte-là, la Saintonge offrirait les mêmes titres. Elle possède ce qu'a La Capelle-Biron. N'existe-t-il pas, à Saintes, une *Rue Palissy* et un *Quai Palissy*? Le hameau de La Chapelle-des-Pots, à sept kilomètres de cette ville, ne se vante-t-il pas d'avoir eu des fours qui ont servi à Maître Bernard? Enfin n'y a-t-il pas en Saintonge des Bernards, qui se prétendent descendus de Palissy? Je ne citerai que le fameux conventionnel Bernard.

Pour que l'argument tiré de la *Tuilerie de Palissy* eût une valeur, il faudrait que cette tuilerie eût appartenu au père du célèbre émailleur. Cette opinion est difficile à soutenir. Les paroles de Palissy lui-même sont formelles. Il dit, — page 311, édition de P.-A. Cap, à Paris, chez Dubochet, 1844 : — « Ie n'auois nulle connaissance des terres argileuses. » Et (page suivante) : « Ie n'auois iamais veu cuire terre. » Ailleurs (page 314) il ajoute : « Ie me mis à faire des vaisseaux de » terre, combien que ie n'eusse conneu » terre. » Il travaille donc à « chercher les » esmaux comme vn homme qui taste en te- » nebres. » (page 311). Je le demande : est-il supposable qu'un fils de potier n'ait jamais vu de pots, d'argile, de fours à cuire la terre ?

Hélas ! cette dénomination de *tuilerie* de Palissy, comme celle de *quai* Palissy, ne prouve qu'une chose : le désir de perpétuer le souvenir de l'admirable artisan. Veut-on qu'un de ses parents, père, oncle, fils, ou même un étranger, ait établi à La Capelle-Biron une fabrique de tuiles, qui ait pris et gardé le nom de son premier propriétaire ? Rien ne s'oppose à cette hypothèse ; mais ce n'est qu'une hypothèse. Ou bien, il faut admettre qu'il devint orphelin à l'âge d'un ou deux ans, et qu'il quitta La Capelle ou Biron à cet âge. Ici encore nous retombons dans les conjectures. Le berceau des hommes éminents est souvent comme la source des grands fleuves, si humble qu'il est difficile à trouver. On peut d'une enjambée franchir, à Chéronac, la Charente que Palissy vit couler si longtemps. Qui découvrira la vraie source du Nil?

La tradition la plus accréditée rapporte que Bernard Palissy eut l'Agenois pour patrie. François Grudé de Lacroix du Maine, dans sa *Bibliothèque*, publiée, à Paris, chez l'Angelier, en 1584, époque où Palissy professait dans la capitale la physique et l'histoire naturelle, le dit formellement : « Bernard Palissy, natif
» du Diocèse d'Agen, en Aquitaine, Inven-
» teur des Rustiques Figulines, ou Poterie
» du Roy et de la Royne sa Mère, Phi-
» losophe naturel et homme d'un esprit
» naturellement prompt et aigu. Il a écrit
» quelques Traités touchant l'Agriculture ou
» labourage, imprimés l'an 1562, ou envi-
» ron... Il florit à Paris, âgé de 60 ans et
» plus, et fait des leçons de sa science et pro-
» fession. » Ces paroles sont fort remarquables, et montrent quel état on faisait alors du potier-artiste. Mais le bonhomme Lacroix du Maine n'est pas très-précis pour les dates : « 60 *ans et plus; 1562 ou environ.* » Cependant, jusqu'à preuve contraire, il faut maintenir son affirmation pour le pays natal.

Quatorze ans plus tard, Philbert Mareschal, sieur de la Roche, imprime à Paris son livre in-8° *la Guide des Arts et Sciences;* et il y écrit: « Bernard Palissy, Agenois, inventeur
» des Rustiques Figulines du Roi. » Répétait-il Lacroix du Maine ? C'est à croire. Rien n'est si modeste qu'un compilateur.

Il faut avouer qu'on a fort peu songé à la biographie de Palissy de son vivant... si peu même que S. Géraud Langrois, en 1592, deux ans après sa mort, dans le *Globe du Monde, contenant un bref Traité du Ciel et de la Terre,*
— Langres, chez Jehan des Preyz, (page 84),
— lui donnait le titre de *Gouuerneur des Thuilleries !...*

Les écrivains qui le veulent faire Saintongeais de naissance, se fondent sur un passage d'Olivier de Serres, son contemporain, qui, dans son *Traité d'agriculture et Ménage des champs,* 1604, l'appelle, selon M. P.-D. Rainguet, le « paysan de la Saintonge ; » et sur un mot du critique Jean Leclerc, de Genève, qui, copiant sans doute Olivier de Serres, mit dans sa *Bibliothèque:* « Un paysan de Xaintonge, nommé Bernard Palissy. » Venel, à l'article *Chymie* de l'*Encyclopédie*, Paris 1753, dit de même: « Il exista, dans le
» même tems que ces célèbres Métallurgis-
» tes, un homme véritablement singulier,

» BERNARD PALISSY, Xaintongeois...» Un peu avant, en 1720, dans l'*Histoire de l'Académie des Sciences*, page 8, Fontenelle écrivait: » Bernard Palissy, Saintongeois. » L'édition des œuvres de Bernard Palissy, donné, en 1636, par le libraire Robert Fouet, porte : « M. Bernard Palissy, de Xaintes... » Il est clair que ces expressions ne doivent pas être prises à la lettre; elles font évidemment allusion au long séjour de l'artisan en Saintonge, et ne prouvent rien pour la question d'origine. Aussi M. Lesson s'est-il trompé,—et avec lui tous ceux que cite la *Biographie saintongeaise*: Lallemant, *Dictionnaire géographique*, 1828 ; Hervé, *Nouvelle géographie et statistique de la France*, 1835 ;—quand il prétend, dans ses *Lettres historiques sur la Saintonge*, la Rochelle, 1842, que « Palissy naquit à Saintes. » Mais le plus accommodant de tous est M. N. Bouillet. Consultez son *Dictionnaire universel, historique et géographique*: au mot *Palissy*, il dit : « Palissy (Bernard), né dans l'Agenois ; » et à *Saintes*, il met: « On y fait naître Bernard *de* Palissy. » Ce qui ne l'empêche pas ailleurs d'écrire : « Agen... patrie de Bernard Palissy. » Il y en a pour tous les goûts.

Je le demande; quand les gros livres divaguent de cette façon, quand la géographie et l'histoire se chamaillent ainsi, dans quel embarras sont les ignorants, comme moi, qui voudraient pourtant bien s'instruire ?

On est même allé plus loin; on a fixé, comme village natal de Bernard Palissy, La Chapelle-des-Pots, commune de huit cents âmes, dont le chef-lieu n'est éloigné de Saintes que d'une lieue et demie. La Chapelle-des-Pots est une fondation du Chapitre de Saint-Pierre de Saintes, et date de l'an 1320. C'était, comme l'indique son nom de *La Chapelle*, CAPELLA, un oratoire pour les potiers de l'endroit, une chapelle qui fut, vers 1774, remplacée par l'église paroissiale actuelle. Les pouillés du diocèse au XIV° et au XV° siècle ne désignent le lieu que sous le nom de *La Chapelle*. En 1648 seulement, le pouillé d'Alliot l'appela *La Chapelle-des-Potiers*, d'où, par abréviation, l'on a fait *La Chapelle-des-Pots*. Entre ces deux mots *La Chapelle-des-Pots* et *La Chapelle-Biron*, — car ainsi écrivent ce dernier plusieurs biographes, M. P.-A. Cap dans son édition de 1844, MM. Haag dans la *France protestante*, au lieu de *La Capelle* qui a prévalu plus récemment, — il y avait matière à un raprochement; et quelques esprits n'ont pas manqué de le faire.

De plus, c'est certainement de la Cha-

pelle-des-Pots que parle Palissy quand il dit :
(page 312) « Ie couvray trois ou quatre cent
» pièces d'esmail, et les enuoyay en vne poterie
» distante d'vne lieue et demie de ma demeu-
» rance, auec requeste enuers les potiers qu'il
» leur pleust permettre cuire lesdittes espreu-
» ues dedans aucuns de leurs vaisseaux. » Longtemps on a fabriqué à La Chapelle-des-Pots
des vases émaillés. Au commencement de ce
siècle, on y comptait encore une quarantaine
de poteries en pleine activité ; il en reste
deux. Les fragments de carreaux dont je possède quelques spécimens dus à la complaisance de M. le Vicomte Théophile de Brémond
d'Ars, propriétaire à La Chapelle, les débris
de vases de tous genres qu'on a recueillis sur les lieux, et qu'on trouve encore
en fouillant les monceaux de têts ac-
cumulés cà et là de génération en génération, sont évidemment de l'école de Palissy. Et cela s'explique aisément. Les ouvriers
que le maître employa à son œuvre et qu'il
laissa en Saintonge, continuèrent vraisembla-
blement son art, et mirent à profit sa découverte. L'industrie des faïences émaillées, aujourd'hui complètement perdue, a prospéré à
La Chapelle-des-Pots. Mais cela veut-il dire
que Palissy y soit né ? C'est précisément
parce qu'il y avait des potiers à La Chapelle,

que Bernard Palissy, qui, à 30 ans, n'avait pas encore vu cuire l'argile, n'a pu y naître. Je l'ai montré déjà.

Mais dans quelle ville ou village est il né ?

Peut-être est-ce à Biron, commune de cinq cents âmes du canton de Pons (Charente-Inférieure), à 27 kilomètres de Saintes. Il est possible que les biographes aient confondu Biron en Agenois avec Biron en Saintonge; ils en font bien d'autres.

Peut-être est-ce à Saintes ? Je fais à cette opinion une petite objection. Palissy a très-souvent parlé de Saintes. Rappelle-t-il une seule fois les souvenirs si doux de la patrie ? Cite-t-il la province comme sa contrée natale ? Nullement : il la nomme seulement (pages 311 et 325) « le pays de mon habitation. » S'il y était né, il aurait sûrement dit : *le pays de ma naissance.*

Il est cependant un fait que je crois pouvoir affirmer : si Palissy vint au monde dans le diocèse d'Agen, il fut certainement apporté de bonne heure en Saintonge, au maillot peut-être. Il est Saintongeais de cœur et de style. Qu'on lise ses ouvrages; on y reconnaîtra le langage de la Saintonge, ses idiotismes et ses expressions locales. La langue varie dans les livres et chez les lettrés; elle ne change que lentement dans le peuple. Je sais telle province où la classe peu éclairée a, en dépit des journaux, conservé le parler franc de Mme de Sévigné et de Saint-Simon. Or, d'après les biographes, Palissy, aurait eu trente ans environ quand il se serait venu fixer à Saintes. Alors il parlait la langue de sa jeunesse ; et l'on sait combien sont tenaces les idées et les mots appris dès l'enfance. Est-ce un séjour de vingt-cinq ans au plus en Saintonge qui a suffi pour lui donner une connaissance aussi naturelle des locutions saintongeaises ? Je ne le crois pas. Palissy, en outre, n'ayant point passé sous le niveau de l'éducation commune et savante, a dû, plus que tout autre, conserver la langue de son enfance et de sa jeunesse, cette langue native, pour ainsi dire, qu'on a tant de peine à oublier, parce que c'est celle que l'on a bégayée. Il est aussi difficile de se défaire de l'accent natal et de la langue maternelle qu'il est difficile d'écarter les premières idées sucées avec le lait de la nourrice. Homme du midi, et ayant, comme on le veut, passé dans l'Agenois les vingt premières années de sa vie, ces années pendant lesquelles les impressions sont si profondes et si durables, Palissy doit, avoir dans son style et ses idées comme un parfum de terroir. D'où vient donc que cette senteur, très-prononcée partout, est toute saintongeaise? Ce sujet, on le voit, est intéressant, et offre des recherches à quelque studieux amateur. Malheureusement, circonscrit par mon plan, je ne puis que l'indiquer, et j'en laisse la démonstration victorieuse à M. Benjamin Fillon, le savant antiquaire de Fontenay-le-Comte, qui nous va donner prochainement, avec l'aide de M. Anatole de Montaiglon, une édition nouvelle, et cette fois complète, de l'écrivain saintongeais. Mais que déjà l'on examine ses œuvres, que l'on compare son style avec celui de ses contemporains, que l'on réfléchisse à l'influence puissante du pays qui persiste malgré tous les efforts, et l'on ne tardera pas à être persuadé que c'est en Saintonge que Bernard a balbutié ses premières syllabes et qu'il a épelé ses lettres.

III

On a raconté que les parents de Bernard Palissy étaient dans l'indigence. Qu'en sait-on ? La misère au berceau des grands hommes est une agréable thèse pour les déclamateurs. Comme on pérore sur la pauvreté, cette marâtre qui étouffe le génie, et qui, selon la devise de Maître Bernard, « empesche les bons esprits de parvenir! » Comme on anathématise cette société mal faite, qui ne veut point accorder ses faveurs à qui ne s'en est pas encore montré digne ! Palissy, il est vrai, (page 3) s'est appelé « une personne fort abjecte et de basse condition »; et (page 10) a parlé de sa « petitesse et abjecte condition. » Mais où se trouvent ces expressions ? Dans une préface *Au lecteur*, et dans une dédicace

« à Monseigneur le Mareschal de Montmorancy, chevalier de l'ordre du Roi, capitaine de cinquante lances, gouverneur de Paris et de l'Isle de France. » Il est de bon goût qu'un auteur parle de lui avec modestie ; et de plus, quand on s'adresse à si haut personnage, au fils du connétable de Montmorency, il est bien permis de se dire, sinon de se croire, de basse extraction, et d'exagérer un peu l'humilité de sa naissance.

Ce n'est pas toujours en ces termes que s'exprime Bernard Palissy sur son propre compte. M. Benjamin Fillon a publié, dans ses *Lettres écrites de la Vendée à M. Anatole de Montaiglon* — Paris, Tross, 1861, page 46-61 — un curieux document qui va nous montrer l'ouvrier parlant de lui-même dans une pièce authentique. C'est un acte notarié relatif à une fabrique de poteries fines, établie, en 1558, à Fontenay-le-Comte, sous les auspices de Maître Bernard.

« *Aujourd'hui hault et puissant Jehan Gi-*
» *rard, chevalier, seigneur de Bazoges, Moricq*
» *et la Guignardière, panetier ordynaire du Roi*
» *nostre Sire, demeurant audict lieu de la Gui-*
» *gnordière, paroisse d'Apvrillé, a vendu et*
» *vend par ces présentes à honorable homme*
» *maistre Bernard Palissy, peintre, demeurant*
» *en la ville de Saintes, sçavoir est le nombre et*

» quantité de trois milliers de mayrain, bon
» marchand et recepvable au compte de La Ro-
» chelle et rendable en icelle ville, et ce moyen-
» nant la somme de 54 livres tournois, que le
» dict Bernard Palissy a baillé et compté au-
» dict seigneur de Bazoges, en escus, testons
» et douzaines du poid de l'ordonnance.
» *Faict et passé en la maison de noble
» homme monsieur maistre Michel Tiraqueau,
» escuyer, sénéchal de Fontenay-le-Comte,
» par-devant nous N. Misere et Marchandeau,
» notayres royaulx en la court du scel estably
» aux contracts au dict lieu de Fontenay-le-
» Comte pour le Roi nostre Sire, le vingt-deux
» février mil cinq cents soixante.* »

La date est quelque peu incertaine, ajoute M. B. Fillon : car le bas du papier sur lequel est écrit l'original se trouve en fort mauvais état.

Il faut remarquer dans cette pièce la qualification d'*honorable homme* prise par Palissy. Elle n'était pas, comme de nos jours, une banalité qu'on applique un peu indifféremment à tout le monde, souvent à ceux qui ne la méritent pas. On la donnait alors aux magistrats, aux hommes importants par leur position, leurs fonctions ou leur naissance, aux bourgeois notables. Elle était pour la classe intermédiaire ce que le titre de *Monseigneur* était pour la noblesse. A une époque où chacun s'attachait avec tant de ténacité à ses priviléges et avec tant de fierté à ses prérogatives, est-il croyable que, dans un acte authentique, passé par-devant le sénéchal de Fontenay et deux notaires, on eût consenti à laisser prendre cette qualité d'*honorable homme* à cet ouvrier nomade, un jour tombé comme du ciel en Saintonge, pauvre, dédaigné, sans considération héréditaire ? D'autre part, un personnage important, Pierre de l'Estoille, grand-audiencier de la chancellerie de France, parle d'une tante de Palissy qu'il avait connue à Paris, et qu'il vit chez lui. Ce fait prouverait que la famille du potier saintongeais n'était pas, comme il l'a bien voulu dire d'une « abjecte condition: » Aussi admettrais-je volontiers la conjecture de M. Cazenove de Pradines qui, dans son *Rapport sur le concours ouvert pour l'éloge de Palissy par la société d'Agriculture, sciences et arts d'Agen*, dit (page 417) « que l'illustre potier appartenait à une famille bourgeoise, ou tenant de près à la bourgeoisie. »

IV

Faut-il donc en conclure qu'il était noble, et lui donner la particule ? Beaucoup, et très-récemment M. Auguste Lauza, dans le *Moniteur illustré des inventions*, livraison de novembre 1863, et la *Revue indépendante* du 15 mars 1864, ont écrit :

BERNARD DE PALISSY.

Or, l'artisan n'a jamais pris sur ses ouvrages la syllabe aristocratique, ce qu'il n'eut pas manqué de faire si sa famille eut été de la noblesse. Avec son ordinaire aplomb qui n'a d'égal que sa légéreté, M. Massiou — *Histoire de la Saintonge*, IV, page 511 — donne une explication plus simple : « Sur la fin de sa vie, il avait été pourvu de lettres d'anoblissement. » Mais où l'écrvain a-t-il vu ces lettres patentes ? En 1580, Maître Bernard signait *Palissy* tout court, et à sa mort P. de l'Estoille ne le nomme pas autrement que *Bernard Palissy*. Du reste, il était huguenot. En ce temps-là, au lendemain de la Saint-Barthélemy, à la veille de la Ligue, on pouvait, à la rigueur, sauver un protestant : on ne l'anoblissait pas. Puis, comme le fait justement remarquer M. Sauzay, conservateur-adjoint du Musée impérial, en tête de la *Monographie de l'œuvre de Bernard Palissy* — Paris 1862, — l'édit de Blois, en 1576, mettait obtacle aux anoblissements par l'achat de fiefs, et les assujettissait à des lettres patentes royales. Un potier de terre était, malgré l'illustration toute personnelle de l'Inventeur des rustiques figulines, un trop mince personnage, pour que, au lendemain même de la promulgation de l'édit, on se soit écarté du rigorisme de la nouvelle loi.

Ce qui a trompé les écrivains, c'est une signature de l'artiste. Elle serait, selon M. Haag, sur une de ses plus belles figulines, cette ravissante nourrice du Musée céramique de Sèvres, dans laquelle la légende veut reconnaître la bonne Andrée Lignaige, de Cognac, nourrice de François Ier, ou plus simplement la mère des enfants de Palissy. M. Camille Duplessis, citant M. André Pottier, bibliothécaire de la ville de Rouen, la place sur « le dos d'un émail qui représentait une Madeleine couchée près d'une grotte, » où cependant M. le comte de Laborde déclare « n'avoir rien constaté de semblable. » Dans tout cela il n'y a qu'un malheur : c'est que cette signature, dont l'existence même est ainsi mise en doute, et à laquelle M. X. Willemin a prêté quelque autorité en la reproduisant sur la planche 290 de ses *Monuments français*, est apocryphe.

Toutefois on ne saurait douter, que Palissy n'ait été surnommé *Bernard des Tuileries*. Le savant Conseiller au Parlement d'Aix, que ses libéralités envers les hommes de lettres firent appeler par Bayle le *Procureur général de la littérature*, Nicolas-Claude Fabry de Peiresc, en 1606, accompagné du premier président Du Vair, depuis garde des sceaux de France, visita le château d'Ecouen([1]), bâti par le connétable Anne de Montmorency et décoré par l'artiste, son protégé ; il n'appelle Palissy que *Maître Bernard des Tuil-*

([1]) Anne de Montmorency, qui avait fait d'Horace l'ami de ses loisirs et le conseiller de sa solitude, fit graver sur la *leries.* De plus sur la couverture du livre du potier, déposé à la Bibliothèque impériale, on lit en caractères contemporains :

𝔏𝔢 𝔩𝔦𝔳𝔯𝔢 𝔡𝔢 𝔐ᵉ 𝔅𝔢𝔯𝔫𝔞𝔯𝔡 𝔡𝔢𝔰 𝔗𝔥𝔲𝔦𝔩𝔩𝔢𝔯𝔦𝔢𝔰.

porte de son château ce vers de son cher poëte (Liv. II, ode III) :

   ÆQVAM MEMENTO REBVS IN ARDVIS
   SERVARE MENTEM......

Souviens-toi de conserver une âme égale dans les revers.

Le premier mot de l'inscription ÆQUAM servit de nom de baptême au château ; on l'appela d'abord *œquam*, puis *Ecouen.*

V

Le portrait qu'on grave de Palissy n'est pas non plus très-authentique. Achille Deveria, qui avait commencé l'œuvre de l'artisan saintais, avait, raconte M. Sauzay, réuni dans un recueil, acquis depuis par la Bibliothèque impériale, plusieurs portraits présumés de Maître Bernard. On a adopté celui qu'a publié X. Willemin. Il est pris sur une plaque de faïence émaillée qui fait partie de la collection de M. le Baron Anthony de Rothschild, à Londres. Comme dans l'esquisse de la statue projetée qu'a envoyée, à Saintes, un élève de David d'Angers, M. Ferdinand Taluet, le costume est d'une simplicité remarquable, qui convient à la condition du personnage et à ses habitudes sévères. Le visage a l'austérité ascétique d'un penseur et d'un homme profondément religieux. On l'avouera; si ce n'est pas là le portrait de Palissy, il doit lui ressembler beaucoup.

VI

L'enfance de Palissy fut laborieuse. Il apprit la science ou plutôt, comme il dit lui-même, « l'alchimie auec les dents. » (page 310) Et cette énergique expression montre à la fois les difficultés qu'il y rencontra, et la ténacité qu'il y apporta. Il sut lire et écrire. Ce n'est rien pour nous ; pour le XVIe siècle c'était beaucoup. Les écoles étaient rares. Il fallait aller loin ; et tous les parents n'avaient pas les moyens d'envoyer leurs enfants étudier dans une grande ville. Cette instruction du jeune Palissy, fort étendue pour le temps, ne serait-elle point une nouvelle preuve que sa famille n'était pas réduite à la misère ? Outre la lecture et l'écriture, l'artisan posséda le dessin, les mathématiques, et la géométrie assez bien pour devenir arpenteur. Il avoue (page 5), en parlant des traits et lignes de géométrie, qu'il n'était « point du tout despourveu de ces choses. » En présence de ces connaissances, fort vastes relativement, il ne faut pas prendre à la lettre ce qu'il nous raconte de son ignorance : « Ie ne suis ne » Grec, ne Hébrieu, ne Poëte, ne Rhétori- » cien, ains vn simple artisan bien pauure- » ment instruit aux lettres, » dit-il (page 5) au connétable de Montmorency. Et ailleurs (page 269) : « I'eusse esté fort aisé » d'entendre le Latin, et lire les liures des- » dits philosophes, pour apprendre des vns » et contredire aux autres. » Il ne s'agit là que de l'antiquité grecque et latine.

Où prit-il ces connaissances ? Quels furent ses maîtres ? Dans son *Rapport sur le concours de* 1855, M. Cazenove de Pradines dit — tome VII du *Bulletin des travaux de la Société d'Agriculture d'Agen,* page 417 — : « Palissy a dû naître dans une ville offrant à son instruction des ressources plus étendues qu'il n'en aurait pu trouver à la campagne ou dans un petit village. » Le fait est très-vraisemblable. Mais, dans le journal illustré *l'Ouvrier*, numéro du 29 juin 1861, M. l'abbé Le Dreuille, plus affirmatif, a tranché la difficulté dans un autre sens. C'est un arpenteur qui, venu à Biron pour lever des plans dans le pays, voit le petit Bernard, est frappé de son intelligence, de son attention particulière aux travaux d'arpentage, l'emmène avec lui à Monpazier, et lui apprend gratuitement son état. Il est fâcheux que le biographe ne nous ait pas indiqué où il cueillait une si poétique légende.

Et pourtant cela n'approche pas des inventions prodigieuses d'un journal de Berlin, *le Bazar*, qui, dans son numéro illustré du 8 juillet 1863, écrit entre autres choses : « Sous le règne de Henri III, roi de France, un ouvrier de Florence fut appelé à Beauvais par son protecteur le comte de Marcillac, pour y orner la cathédrale de vitraux de couleur. » Le reste est à l'avenant. On peut par là se faire une idée du sans-façon avec lequel les étrangers traitent nos illustrations. Et je sais bon nombre de Français qui sont Allemands sur ce point. Palissy aurait vécu avant le déluge et serait Huron, qu'on aurait pour lui plus d'égards. Dans un livre publié en 1851 à la Librairie nouvelle, M. Alfred Dumesnil a fait du protégé de Charles IX, de Catherine de Médicis, de Henri III, et des Montmorency, un républicain de la veille, un démocrate de 1848 égaré dans le XVIe siècle, un socialiste qui a suivi au Luxembourg les cours de droit au travail professés par M. Louis Blanc.

O fantaisie!...

Je me disposais à hasarder aussi ma supposition sur les premières années de Palissy, cette partie de sa vie si obscure. Au lieu de l'arpenteur de l'abbé Le Dreuille, qui arrive si fort à propos pour découvrir cette intelligence précoce, j'aurais mis les Gontaut, barons de Biron. Emerveillés de la gentillesse du petit Agenois, ils l'auraient emmené tout jeune avec eux dans leurs domaines de Saintonge. De Brisambourg à Saintes il n'y a que quatre lieues. A Saintes, les couvents sont nombreux ; la cathédrale a une maîtrise fort peuplée. Palissy y viendra étudier. La ville épiscopale ne compte pas moins de vingt-cinq ou trente édifices religieux, et ainsi offre du travail à qui voudra peindre des vitraux. Palissy y apprendra la vitrerie.—Mais Palissy n'a rien dit de tout cela!—Il est vrai. Mais a-t-il été plus prodigue de détails sur sa famille? Ce silence sur son éducation première, singulier chez un homme qui ne craignait pas de parler de lui, aurait pu trouver son explication dans son changement de religion. Ame loyale, il n'aurait pas voulu, comme tant d'autres, médire de ceux qui l'avaient élevé, et aurait préféré sur ce point se renfermer dans un mutisme que rien du reste ne l'obligeait de rompre.

Le P. Anselme avec l'inflexibilité de ses chiffres, dans son *Histoire des grands Officiers de la Couronne*, VII, page 304, a ruiné mon facile roman. Voyez l'intolérance du généalogiste ! Il fait entrer, en 1559 seulement, la seigneurie de Brisambourg, érigée plus tard en marquisat, dans la maison des Gontaut, par le mariage de Jeanne de Gontaut avec Pierre Poussard, chevalier, seigneur de Brisambourg, mort sans lignée. A moins que quelque écrivain héraldique moins rigoureux consente à faire remonter plus haut cette possession, je ne vois vraiment pas trop comment soutenir mon hypothèse. Ah ! si nous avions tous les ouvrages de Palissy ! Peut-être serions-nous moins exposés à chercher par l'imagination les faits que nous refuse l'histoire.

VII

Bernard Palissy pour vivre dut apprendre un état. Il choisit la vitrerie. La vitrerie avait cela d'agréable pour une intelligence ouverte et déjà cultivée, qu'elle n'était pas seulement un métier. Il ne faudrait pas, en effet, voir dans le vitrier du XVIe siècle l'humble ouvrier qui, sédentaire ou nomade, est chargé maintenant de réparer les dégâts des orages et les coups de pierre des polissons. La vitrerie consistait alors à colorier le verre, à le découper en losanges nuancés et à former ainsi ces mosaïques transparentes qui attirent encore notre attention. C'est Palissy qui nous apprend ces détails. « Les vitriers... » faisoyent les figures ès vitraux des temples. » (page 208). Et il ajoute cette particularité :

« J'ai veu... que ceux qui peignoyent lesdit-
« tes figures n'eussent osé manger aux, ni
« oignons. Car s'ils en eussent mangé, la
« peinture n'eust pas tenu sur le verre. »
Exemple Jean de Connet qu'il a connu. Il ne
pouvait rien faire qui vaille, parce qu'il avait
l'haleine punaise, bien que fort savant en
son art. Faujas de Saint-Fond est tout-à-fait
de cet avis.

Examinez les splendides verrières de Saint-
Etienne de Bourges, ou de Saint-Gatien de
Tours. Celui qui les a dessinées est un véritable artiste ; et ceux qui les ont peintes sous
sa direction, sont plus que des artisans. L'industrie du verre, ne l'oublions pas, était la
seule que les gentilshommes pussent exercer
sans déroger. De là l'expression de *gentilshommes verriers*. Palissy va jusqu'à dire (page
307), et ce fut longtemps une croyance :
« L'estat est noble, et les hommes qui y be-
songnent sont nobles. » La vitrerie était
sœur cadette de la verrerie, et le peintre-verrier, qui connaissait le dessin, le modelage et
un peu de sculpture, ne pouvait certes pas
être mis au rang des manœuvres.

VIII

L'apprentissage terminé, Palissy partit. Il s'en allait faire ce que nous appelons aujourd'hui, le tour de France. A cette âme avide de connaître, il fallait des horizons plus larges et le spectacle varié des différentes provinces. Le pays natal n'offrait pas à son désir d'études un champ assez étendu et assez divers, surtout si, comme je le crois, il avait passé sa jeunesse en Saintonge. Là, le pays est plat; point de montagnes, à peine de légères ondulations de terrains, partant point de ces perspectives grandioses comme en offre la nature alpestre ou pyrénéenne; des sites charmants, un sol plantureux, une rivière au cours capricieux, de vastes prairies où de grands troupeaux de bœufs paissent l'herbe haute; des échappées gracieuses entre deux vertes collines vêtues de pampre : tout ce qui fait la joie d'un paysagiste, tout ce qui suffit à la satisfaction peu ambitieuse des habitants; ce n'était pas assez pour développer un génie observateur. « Les voyages de Palissy, dit M. Camille Duplessis dans son *Etude sur la vie et les travaux de Bernard Palissy*, — page 440 du *Recueil des travaux de la Société d'agriculture d'Agen*, tome VII, — les voyages de Palissy furent pour lui une sorte d'émancipation. En changeant continuellement de régions, il s'arrachait, involontairement sans doute, mais du moins utilement, au joug de l'école; et nul doute que, s'il se fût établi à poste fixe dans quelque ville, il eût payé bientôt le tribut de sa présence à quelque succursale de l'alchimie ou de la scolastique. Une fois engagé dans ces entraves, qui sait s'il en fût jamais sorti? » Aussi peut-on affirmer que, si les voyages n'ont pas créé Palissy, ils l'ont formé. Ses facultés naturelles s'y sont développées au contact de mœurs différentes, à la vue des accidents divers de la nature, comme la pépite d'or que la main du mineur tire des entrailles de la terre et fait briller aux regards enchantés.

Il partit, comme partent les ouvriers, légers d'argent, riches d'espoir, avides de voir et de connaître. On sent bien par moments une grosse larme sourdre dans l'œil. On songe à ce qu'on laisse, objets doux et chers ; mais les camarades sont là, qui vous accompagnent un bout de chemin, jusqu'au dernier bouchon du village ou du faubourg. Là, on remplit la gourde ; on vide un dernier verre, on échange une dernière poignée de mains, une dernière recommandation ; et l'on se sépare. Les cris de joie s'entendent encore un peu, jusqu'au détour de la route. Alors on se salue du geste, on jette en l'air les casquettes, et bientôt celui qui s'en va disparaît. Les nouveautés de la route ne tarderont pas à lui faire moins souvent songer à ceux qu'il quitte, peut-être à les oublier. Le chagrin du départ, comme l'a dit un poète, est pour celui qui reste.

Ainsi s'en alla Palissy.

Où dirigea-t-il ses pas ? Son itinéraire serait difficile à retracer exactement. Il y a lieu de croire cependant qu'il prit la route du midi. C'est la partie de la France dont il parle avec le plus de plaisir. Pourquoi ? Sans doute parce que les beautés de la nature méridionale frappèrent les premières ses regards, et ainsi se fixèrent plus profondément dans son esprit. Il est certain qu'il y séjourna : « Ie me suis, dit-il (page 153), tenu quelques années a Tarbe, principale ville de Bigorre. » Imaginons-lui donc un itinéraire, sinon vrai, du moins vraisemblable : il nous sera de cette sorte plus facile de le suivre en ses voyages. Dans tous les cas, comme la plupart du temps il ne rend « tesmoignage si non des pays qu'il a fréquentez » (page 247), nous sommes presque sûrs de ne le mener qu'en des contrées où il aura mis le pied.

IX

La province qui se trouve limitrophe à la Saintonge vers le sud, est la Guienne. Palissy alla donc dans la Guienne et la parcourut. Le voilà au confluent de la Dordogne et de la Garonne. En cette pointe de terre (page 187) qui sépare pour quelques instants encore ces deux rivières, les maisons sont posées seulement sur le sol, parce que, si l'on y creusait pour en jeter les fondements, on trouverait l'eau qui empêcherait de bâtir. Et ce sol du bec d'Ambez est si mobile, qu'en se secouant un peu le voyageur faisait branler tout autour de lui, comme si c'eut été un plancher. J'ignore si le lieu s'est raffermi depuis. Aux mois d'août et de septembre, ajoute-t-il, les terres y ont de telles fentes que souvent la jambe d'un homme pourrait entrer dans ces crevasses. La raison? Il la voit, mais à tort, dans un air enfermé au sein de notre globe qui tendrait à s'échapper : c'est tout bonnement l'effet de la contraction sous l'influence de la chaleur. Le même phénomène se produit dans tous les terrains d'alluvion, au bec d'Ambez comme aux embouchures du Dniéper et du Volga, dans les marais de Brouage en Saintonge comme dans les pampas de Buénos-Ayres.

L'observateur ne se trompe pas moins dans l'explication (page 184) « Dv Mascaret qui s'engendre au fleuve de Dourdongne, en la Guienne. » Il a interrogé les habitants de Libourne, de Guitre et de Bordeaux; ils lui ont répondu que le mascaret était une espèce de barre, de flux très-violent, qui, remontant au-delà du bec d'Ambez, se faisait sentir à la fois dans la Dordogne et la Garonne, surtout dans la Garonne, jusqu'au bourg de Saint-Macaire, d'où, selon les uns, il prendrait son nom; d'autres, au contraire, affirment que *mascaret* vient de la racine celtique MASC, *qui se cache* ou *se masque*, parce que la Dordogne, qui paraît tranquille dans son cours, s'élève tout-à-coup comme une montagne qui se promènerait plus ou moins longtemps dans cette rivière. Palissy, sans discuter l'étymologie du mot, dont, malgré ces explications diverses, l'origine me semble obscure, ne veut pas admettre le système du flux, qui est pourtant le vrai. Il objecte que ce phénomène se produirait aussi bien dans les autres saisons qu'en automne, et dans la Loire et la Charente comme dans la Gironde. Il ne savait pas que la Seine éprouve aussi le mascaret, et que le savant voyageur de la Condamine, en 1745, le signalerait dans bien d'autres pays. Gobet, dans l'édition qu'il donna, en 1777, avec Faujas de Saint-Fond, des œuvres de Bernard Palissy, voit (page 680) une espèce de mascaret dans les crues subites de l'Allier au printemps et en automne. L'Allier, ce mince filet d'eau qu'on serait, les trois quarts de l'année, tenté d'aller recueillir en un verre, s'enfle et déborde par la fonte précipitée des neiges ou des pluies torrentielles qui lui arrivent en masses des flancs déboisés des montagnes d'Auvergne. Le mascaret n'est pour rien dans ses inondations.

L'erreur de Palissy ne vient-elle pas de son inexpérience et de son peu d'habitude d'observation? Un homme, accoutumé à mieux remarquer les faits, à les coordonner, à ne pas se contenter des apparences et d'une explication improvisée, n'eut certainement pas commis cette bévue. Le mascaret doit être le premier ou un des premiers phénomènes naturels qui attira son attention. Plus tard, il vit la Seine, mais non pas aux époques où il se fait sentir; et la première impression subsista.

X

Outre la Garonne, il visita les bords du Lot et du Tarn, où il aurait tant aimé à placer son *jardin délectable*. En Armagnac, il vit pour la première fois la marne, terre calcaire et argileuse qu'il nomma d'abord *merle*, et dont il recommande si fort l'emploi pour l'amendement des terres. Aux environs de Toulouse, en Gascogne, dans l'Agenois, dans le Quercy, ce qui le frappe (page 247), c'est le nombre des enfants victimes des vers. A son avis, les fruits savoureux et doux de ces pays engendrent ces insectes malfaisants. Mais il n'avance cette explication que sur la foi des médecins de Paris ; ils lui ont affirmé avoir vu rarement des vers aux enfants de la capitale. Il est vrai que dans les Ardennes

Palissy attribue leur abondance au beurre et aux laitages dont on y fait usage. En retour, dans ce pays d'Agenois et lieux circonvoisins, il trouve (page 235) une grande quantité de figuiers, dont les fruits, avant la maturité parfaite, ont un suc si corrosif qu'il fend les lèvres de qui en mange ; et les petites figues coupées rendent aussi clair qu'eau de fontaine le blanc d'œuf dont les peintres se servent pour détremper leurs couleurs.

Voici notre ouvrier à Tarbes ; il y résida quelque temps. De là, il fait des courses dans les Pyrénées. Quelles fructueuses excursions pour un observateur si sagace, pour cet esprit si plein de poésie, pour ce chrétien si plein de Dieu ! « Les sites pittoresques de ces mon-
» tagnes, dit M. A. Matagrin (page 11), cette
» nature tourmentée, grandiose, imposante,
» le spectacle de ces merveilles semées à
» profusion sous les pas des voyageurs, la
» poésie de l'inconnu, ce charme irrésisti-
» ble qui attire et domine les intelligences
» d'élite, durent exercer une puissante in-
» fluence sur l'imagination de Palissy. » En effet, on reconnaît, dans la description fort brève qu'il en fit, quelque chose de Fénelon. L'auteur du *Traité de l'existence et des attributs de Dieu* a écrit, au chapitre II de la première partie : « Les rochers qui montrent

» leur cime escarpée, soutiennent la terre
» des montagnes, comme les os du corps
» humain en soutiennent les chairs. » N'est-
ce pas là la pensée que cent ans auparavant
Palissy exprimait dans son livre *Des eaux
et fontaines* (page 165)? « Tout ainsi que
» l'homme est soutenu en sa hauteur et
» grandeur à cause des os, et sans iceux
» l'homme seroit plus acroupy qu'vne bouze
» de vache, en cas pareil si ce n'estoit les
» pierres et les mineraux qui sont les os de
» la forme des montagnes, elles seroyent
» soudain conuerties en vallees, ou pour le
» moins tous pays seroyent plats et à niueau
» par le fait des eaux, qui descendroyent auec
» elles des terres et montagnes droit aux
» vallees. » L'archévêque de Cambrai n'avait
peut-être jamais lu le potier saintongeais.
Mais le rapprochement m'a paru utile à
signaler.

Ce n'est pas tout. Des vapeurs s'élèvent de
ces montagnes ou sortent en fumée épaisse
des cavernes qui y sont creusées. Bernard
remarque avec les habitants du pays que c'est
l'annonce de pluies prochaines; et il en
conçoit sa théorie que les eaux produites
par les vapeurs les produisent à leur tour :
Car « toutes les eaux qui sont (page 162),
» seront et ont esté, sont creées des le com-

» mencement du monde : Et Dieu ne voulant
» rien laisser en oysiueté, leur commande
» aller et venir et produire. Ce qu'elles font
» sans cesse, comme i'ay dit que la mer ne
» cesse d'aller et venir. Pareillement les
» eaux des pluyes qui tombent en hyuer re-
» montent en esté pour retourner encores
» en hyuer, et les eaux de la reuerberation
» du Soleil et la siccité des vents frappans
» contre terre fait eslever grande quantité
» d'eau : laquelle estant rassemblée en l'aër
» et formée en nuées, sont parties d'vn costé
» et d'autre comme les hérauts enuoyez de
» Dieu. Et les vents poussant lesdittes vapeurs,
» les eaux retombent par toutes les parties de
» la terre, et quand il plaist à Dieu que ces
» nuees (qui ne sont autre chose qu'vn amas
» d'eau) se viennent à dissoudre, lesdittes
» vapeurs sont conuerties en pluies qui tom-
» bent sur la terre. »

XI

Le eaux minérales des Pyrénées attirèrent son attention. Il voit « au pays de Bigorre (page 148) ..... grand nombre d'hommes et femmes qui ont la gorge grosse comme les deux poings. » Et comme il n'a jamais vu un étranger habiter la contrée sans y prendre les fièvres, il en conclut que les fièvres et les goîtres ne sont causés que par la mauvaise qualité des eaux bues. De là cette pensée remarquable que les eaux de source sont toutes plus ou moins altérées par les minéraux ou les substances des terrains qu'elles ont à traverser.

Cauterets, Bagnères lui révèlent un feu central qui, depuis tant de siècles, maintient leurs eaux thermales à la même température.

La théorie du feu central l'amène à celle des tremblements de terre. Le feu intérieur fait bouillir les eaux renfermées dans les rochers (page 151), et la vapeur qui en provient soulève « par sa puissance les rochers, terres » et maisons qui sont au dessus. Et d'autant » que la violence du feu, de l'eau et de l'aër » ne pourra ietter d'vn costé ny d'autre vne » si grande masse, elle la fera trembler. » Et savez-vous comment il a appris ces beaux secrets ? « Ce n'a esté qu'vn chauderon à-» demy plein d'eau. » Le chaudron entra en ébullition, et le contenu augmenta tellement que l'eau passait par dessus les bords. Froid, il n'est qu'à moitié ; chaud, il est rempli. Palissy attribue cet accroissement de volume à un air que l'eau contient, et il cite, comme exemple (page 152), une pomme d'airain contenant un peu d'eau ; elle est mise sur des charbons ; et dès qu'elle est échauffée, elle pousse un vent si violent qu'elle fait « brusler le bois au feu, ores qu'il ne fut » coupé que du iour mesme. » Vitruve — *De re architectura*, I, 6, — avait décrit ces « éolipyles, boules d'airain ayant un très-petit orifice par lequel on les remplit d'eau, et qui posés près du feu, venant à s'échauffer, laissent échapper un souffle véhément. » La remarque de Palissy, — bien que l'explication du phénomène soit erronée, et que ce soit l'eau transformée en vapeur, non l'air renfermé dans la pomme, qui produise ce vent si fort, — fut, au milieu du siècle suivant, mise à profit par le savant anglais Robert Boyle, pour activer la combustion du charbon. C'est le même principe qu'on applique dans les locomotives. La vapeur, sortant du récipient, arrive dans la cheminée, excite le tirage et par suite la combustion; c'est ce qui rend possible l'application de la vapeur aux chemins de fer.

Malgré cette erreur, observe avec raison M. Paul-Antoine Cap (page 151), on voit combien Palissy se trouvait près de la théorie de l'ébullition, de l'augmentation du volume des liquides par la chaleur, de la dilatation des gaz par la température, et enfin de la puissance de la vapeur.

Les propriétés médicales des eaux thermales font une moindre impression sur l'esprit du peintre-verrier. Et ici nous signalons ce ton volontiers satirique et goguenard, qui n'est pas le trait le moins caractéristique de cette originale physionomie. Il est, à l'endroit des vertus curatives de ces eaux, sceptique, autant au moins qu'un médecin homéopathe. Leurs effets, heureux dans l'affection de la gravelle, lui semblent cependant devoir être exceptés. Mais comme il raille ceux qui vont aux bains d'Aix en Savoie, d'Aix en Provence, d'Aix en Allemagne, pour y trouver la guérison, et qui en reviennent « autant malades » qu'ils estoyent auparauant (page 154) ! » Il ne veut pas même croire à leur pouvoir de rendre fécondes les femmes stériles. Ce serait un beau miracle, s'écrie-t-il ! Il a reconnu pourtant un avantage aux eaux de Spa : c'est l'argent que les habitants retirent de la sottise des étrangers accourus à leur appel. En effet, « plusieurs y sont allés boire de la dite eau, » qui eussent eu plus de proufit de boire du » vin. » Et après cette réflexion, on viendra dire que Maître Bernard n'était pas saintongeais !...

Dans sa liste des villes de bains, Palissy n'a pas mentionné la source intermittente de Frontestorbe, près de Bélestat, sur le Lers, dans l'Ariège. Vers ce temps-là, le propriétaire n'en permettait l'usage qu'aux catholiques — Voir Hydrographum spagyricum Fabri, livre II, ch. I. *De fonte Belesta*, Toulouse 1639. — Et plusieurs protestans, pour sauver leur corps malade, sauvaient leur âme en se convertissant. Louis XI au contraire voulait commencer par le corps ; il était temps ensuite de songer à l'âme.

XII

Après Bagnères-de-Bigorre et Cauterets, après Argelès et Bayonne, après Orthez et les Pyrénées, le voyageur visite Narbonne. Il distingue (page 19) dans les marais de Narbonne le *salicor*, soude commune, dont on obtient par ustion l'alcali végétal. Alla-t-il à Montpellier ? Il cite bien les eaux et les vins de ce pays. Les vins y ont une telle force « que (page 20) les raspes de leurs » raisins bruslent et calcinent les lamines » d'étain, et les reduisent en vert de gris. » Et il a raison. Mais il ajoute (page 208) : « qu'il y a certaines eaux où l'on reduit le » cuyure en verd de griz, » tandis que, près de là, d'autres eaux n'ont pas cette propriété : ce qui est une erreur. Selon Gobet (page 339), il n'existe point de fontaines semblables à Montpellier, ni dans les environs; on y voit à la vérité des fabriques considérables de verdet ; mais c'est avec l'acide du vin qu'on transforme le cuivre en vert de gris.

A Nîmes, à Avignon, la beauté des ouvrages romains le captive. Il s'extasie devant l'amphithéâtre de Nîmes (page 146), cette ville antique que les Empereurs et les Proconsuls s'étaient fait un plaisir d'embellir, et surtout devant le pont du Gard. « Ledit pont est vne
» œuure admirable (page 145), car pour venir
» depuis le bas des montaignes iusques à
» la sommité d'icelles, il a fallu edifier trois
» rangs d'arcades l'vne sur l'autre; et sont
» les dites arcades d'vne hauteur extraordi-
» naire, et construites de pierres de mer-
» veilleuse grandeur. » Et pourquoi ? Pour amener de dix lieues des eaux potables. Combien cette sagesse lui parut digne d'être imitée! Pour nous maintenant, nous n'aurions pas besoin de ces gigantesques constructions : des tuyaux de plomb et un siphon suffiraient à nous donner des eaux saines. Il est vrai que nous sommes moins délicats que les Romains; nous nous contentons des eaux vaseuses de nos fleuves, où vont se déverser les égouts de nos villes. A eux, il leur fallait une eau limpide, ces petits maîtres ! Ils se

baignaient souvent, les malpropres! Nous avons supprimé ce luxe-là.

Du Languedoc le touriste poussa une pointe en Provence et même jusqu'en Savoie. Il semble ensuite avoir passé en Auvergne. Il cite (page 152) Chaudes-Aigues, près de Saint-Flour dans le Cantal. Dans les montagnes de cette province il vit (page 295) du cristal de roche ; on lui parla d'un personnage de qualité (page 268) qui possédait un pieu arraché d'un étang. Ce pieu était en bois dans le haut, en pierre au milieu, en fer par le bas, selon qu'il s'était trouvé dans l'air, dans l'eau et dans la terre. Il aurait bien dû nous apprendre comment ces trois matières se soudaient ensemble.

C'était sans doute quelque pal exposé partiellement pendant un temps aux eaux de la fontaine Saint-Alyre, à Clermont, bien connue des baigneurs de Royat. On sait que cette source couvre d'incrustation les objets qu'on y laisse tremper et que pour cela on appelle improprement les pétrifications de Saint-Alyre. J'ajoute que des pétrifications réelles existent en assez grande quantité dans le bassin de l'Allier. J'ai vu près du lit de cette rivière des arbres entiers complètement pétrifiés, et si nombreux que les cantonniers s'en servent pour charger les routes. Le pieu de Palissy pouvait bien être encore un de ces bois.

Nous retrouvons Bernard en Bourgogne. En passant, il nous révèle l'origine prétendue de cette singulière appellation de *Bourguignons salés*, encore usitée de nos jours. C'est que « les Bourgongnons, » dit-il (page 247), mettent « du sel en la bouche des petits enfans quand on les baptise. » Palissy aimait à gouailler un peu, nous l'avons déjà vu.

M. B. Fillon, dans son bel ouvrage *Vendée et Poitou*, cite ce refrain que les enfants, le Mercredi des Cendres, chantent en promenant un mannequin de paille :

> Mardi gras salé,
> La paille au côté,
> La barbe au menton,
> Saute, Bourguignon !

Le savant historiographe de Fontenay-le-Comte pense que ce quatrain est un souvenir d'exécration conservé contre les Bourguignons qui, en janvier 1412, prirent cette ville sous la conduite du sire de Heilly, et lui firent subir mille exactions. L'explication n'est qu'ingénieuse. Car ailleurs, dans les provinces qui n'ont pas été ravagées au mois de janvier par les Bourguignons, les gamins braillent pourtant, le lendemain du Mardi-

Gras, cette chanson où la rime ne s'accorde pas toujours avec la raison :

> Bourguignon salé,
> La paille au côté,
> La barbe au menton,
> Saute, Bourguignon !

La variante, plus naturelle, ne nous donne pas l'étymologie de l'expression. La Monnoye pourrait nous la dire, mais je n'ai pas la Monnoye.

Palissy cite un village de la Basse-Bourgogne dont il a oublié de nous transmettre le nom. On y tirait (page 343) une argile semblable à la marne, mais si résistante au feu que les verriers de la plus grande partie des Ardennes employaient les vaisseaux qu'elle avait servi à fabriquer.

XIII

Ce n'était pas assez de parcourir la France, l'Allemagne offrait un champ vaste à ses investigations. Il franchit la frontière. A Fribourg-en-Brisgau, il admire (page 295) « ce beau cristal qui se trouue ès montagnes « ausquelles il y a de la nege presque en « tout temps » : ce qui lui fait croire, d'après les Anciens, que le cristal « ne se fait que par abondance d'eau et de froidure. » Même observation pour l'Auvergne, pour Dinan, les Ardennes, et tout aussi peu fondée. On a découvert des cristaux dans les régions les plus chaudes et sur les cratères des volcans. La cristallisation a lieu par dissolution quand l'évaporation enlève l'eau qui avait fondu un sel, ou par fusion, quand on laisse refroidir lentement un métal fondu en décantant la partie liquide, le reste étant concrété. Ainsi l'on voit combien peu les pluies, neiges et froids servent à la formation des cristaux.

A Mansfeld (Saxe), il trouve (page 219) « grande quantité de poissons réduits en métal, » qui ne sont que des pyrites cuivreuses. Les cadavres d'animaux ou les végétaux déposés dans un gîte métallifère, exposés à des eaux chargées, de pyrites de cuivre par exemple, perdent peu à peu leurs molécules qui sont instantanément remplacées par des parcelles de métal. Il en faut dire autant de ce que l'on appelle à tort pétrifications. Il n'y a pas de métallisation ni de pétrification à proprement parler; il y a seulement des substances dont les parties constitutives font place à des métaux ou à des silices, tout en conservant exactement et absolument leurs formes premières.

Ses courses dans les provinces Rhénanes lui profitèrent singulièrement. « En Allemagne, dit M. Camille Duplessis (page 441), Palissy recueillit beaucoup plus qu'en France, et la nature ne fût pas la seule à enrichir son esprit. Il y puisa également pour sa science future comme pour son art à venir. Le potier y gagna pour le moins autant que le géologue. Il y trouva, en effet, et put y admirer de près, les œuvres, depuis un siècle posthumes, d'Albert Durer. Il dut aussi y surprendre, en quelque sorte au passage, le cortége imposant de l'art italien de la Renaissance, qui, pour se rendre en France à la cour de Fontainebleau, traversait l'antique Germanie. Palissy eut donc, en définitive, la primeur de cet art qui allait faire la gloire de François Ier; et surtout il apprit à n'étudier la nature que dans le grand et immense livre qu'elle lui ouvrait, et que la science impatiente de l'époque avait dédaigneusement relégué dans un coin. Ce fut là le double enseignement qu'il tira de sa jeunesse sagement dépensée, et qui recélait déjà, à l'état de germe, un splendide avenir. »

En Lorraine, il voit faire le sel (page 259). Là sont des puits dont l'eau est salée ; cette eau est recueillie dans une énorme chaudière de trente pieds de long, autant de large, maçonnée sur un four. C'est par l'évaporation qu'on obtient le précieux condiment. Mais jugez de la dépense ! Aux deux gueules du four se tiennent deux hommes dont l'unique occupation est d'alimenter le feu. De nombreux chariots amènent le bois des forêts, où un plus grand nombre de bûcherons l'abattent. Quatre mille arpens sont destinés à l'entretien de la fournaise ; la coupe est d'un quart par année. Palissy calcule que les Lorrains agiraient plus sagement s'ils vendaient du bois pour acheter du sel : car ce sel leur revient trois fois plus cher qu'en France ; et encore ne vaut-il pas celui de la Saintonge. Ah! si les Saintongeais voulaient employer la méthode lorraine, quelle énorme quantité de bois il leur faudrait! Et encore toutes les forêts de la France ne sauraient en cent ans fournir autant de sel de fontaines ou de puits salés qu'il s'en fait en un an dans la Saintonge, et depuis la mi-mai jusqu'à la mi-septembre seulement. Mais le combustible que consument les Saintongeais ne les induit pas en grands frais non plus : Dieu leur prête libéralement son soleil. Telle est l'opinion du Saintongeais. J'ajoute que les Lorrains ne se plaignent pas trop de leur sel, et qu'ils trouvent là une source inépuisable de bénéfices. Les mines de sel gemme ou de sources salées de Cheschire et de Worcester en Angleterre fournissent annuellement de cent soixante à cent soixante-dix mille tonnes de sel purifié.

La Champagne offre à l'ouvrier une marne blanche comme dans le Valois et la Brie, tandis que, dans les Flandres et en Allemagne, il en a vu de noire et de jaune (page 343).

C'est avec une argile fort semblable à cette marne que Troyes façonne des creusets très-recherchés des orfèvres.

Près de Sedan (page 278) est une montagne plus haute qu'aucune des maisons ou même que le clocher de cette ville. Que d'heureuses observations y fit notre géologue! Il la cite comme un argument invincible à l'appui de son système de la formation sur place des coquillages fossiles. En effet, les habitants qui extraient de cette montagne des pierres de construction, trouvent des coquilles aussi bien au haut qu'au bas, à la surface comme à l'intérieur. Lui-même en a vu au milieu d'un rocher qui n'avait pas moins de seize pouces de diamètre. Comment donc demande-t-il avec une légère pointe d'ironie à Jérôme Cardan, qui soutenait que le déluge seul les avait apportées là, comment et « par quelle porte entra la mer « pour apporter lesdites coquilles au-dedans « des rochers les plus contigus? » Les remarques de Palissy sur les pierres calcaires et la multitude des corps marins qui se rencontrent aux montagnes des Ardennes ont été, au moins pour la partie qui s'étend du côté de la France où il dut faire ses expériences, confirmées par le célèbre naturaliste Guettard.

XIV

Les Ardennes furent le pays où il passa le plus de temps; il en parle fréqemment, et semble l'avoir parcouru dans tous les sens. Il visite près de Sedan les forges de Daigny, de Givonne et d'Haraucourt. Il remarque que dans cette contrée, comme en Bigorre, (page 295) les maisons sont couvertes d'ardoises. Il y signale de nombreuses mines de fer, avec cette particularité que, sur les terres du duc de Bouillon, le minerai y est fort petit. Là ni vins, ni fruits. Le sol froid n'y peut produire que du seigle. Et encore voici comment les paysans s'y prennent pour forcer le sol à leur donner ce qu'il leur refuse. Ils coupent (page 248) du bois en grande quantité, le couchent et l'arrangent dans la terre d'espace en espace, puis le couvrent de mottes de terre. Ils y mettent le feu; c'est un peu la pratique suivie par les charbonniers. La terre qui a été ainsi échauffée, les cendres du bois et celles des racines qui se rencontraient dans l'humus, sont répandues sur le champ comme fumier. Et le sol, fertilisé par cet engrais, donne du seigle aux laboureurs.

D'où vient cela? c'est « qu'en bruslant lesdits bois, le sel qui est en iceux demeure en la terre. » Intuition de génie! Palissy comprenait, dès le milieu du XVIe siècle, le rôle important que jouent les sels dans l'acte de la végétation.

Voyez ce qu'il dit encore de la chaux, des débris de plâtre ou de mortier, des cendres qui ont servi à la lessive, considérés comme agents fertilisants. Ne sont-ce pas des idées dont l'expérience a depuis démontré la haute valeur? Et que font aujourd'hui nos agronomes, sinon appliquer ses idées?

Remarquons cependant que Palissy ne préconise pas la méthode des brulis absolument; et il faisait sagement. Nouvelle en France, ou au moins connue seulement dans les Ardennes, cette opération n'était pas ignorée des Anciens. Virgile l'a décrite au premier livre des *Géorgiques*, vers 84 :

SAEPE ETIAM STERILES INCENDERE PROFUIT AGROS,
ATQUE LEVEM STIPULAM CREPITANTIBUS URERE FLAMMIS.

*Souvent aussi il est bon d'incendier un champ stérile,
Et de livrer le chaume léger à la flamme pétillante.*

Mais si c'était une excellente démonstration à l'appui de la thèse de Palissy sur l'influence des sels dans la croissance des plantes, cette incinération, qui ne pouvait avoir lieu que de seize ans en seize ans, était une pratique déplorable. La plupart des sels végétaux s'y volatilisaient. Elle finissait par appauvrir la terre, et la rendait complètement stérile à la longue. Les brulis, l'écobuage, fort usités dans la Vendée au commencement de ce siècle encore, ont été complètement abandonnés, à cause des nombreux inconvénients qui en résultaient. On leur préfère le labourage qui enfonce dans le sol comme engrais les herbes, gazons, détritus, qui se trouvent à la surface. Ainsi, aucun des sels végétaux n'est perdu.

Plus d'une fois Bernard est revenu sur cette question des forêts et leur importance dans l'économie générale de l'univers. Il les aime parce qu'elles sont l'œuvre du Créateur et l'ornement de la terre. Il s'indigne qu'on coupe, qu'on déchire sans pitié ces hautes futaies, qu'on les arrache, sans songer au dommage qui en résultera pour l'avenir.

Cette destruction est un malheur (page 89), et une malédiction pour toute la France. Car enfin, quand tous les bois seront coupés, il faudra que « les artisans s'en aillent paistre l'herbe comme fit Nabuchodonozor. » Il n'y a pas un seul état qui se puisse exercer sans bois; quand il n'y aura plus de bois, on devra cesser de naviguer et de pêcher... de manger même, dit Palissy. Il a raison sans doute; mais il ne connaissait pas la houille. Et je m'assure que si quelque inquiétude trouble parfois nos cordons bleus, ce n'est guère la crainte de manquer de combustible et de voir cesser « l'office des dents. » L'Angleterre, elle seule, a de quoi chauffer l'univers entier pour plusieurs milliers d'années.

Ce qui suit est d'une vérité plus actuelle. Palissy voudrait qu'on fût contraint de semer de glands, de noyers, de châtaigniers certaines parties de terre, ce qui serait un bien public et un revenu considérable. On ne verrait pas ici les gens se chauffer avec les excréments de bœuf desséchés, là faire bouillir leur pot avec de la paille. Un duc italien, quelques jours après la naissance d'une fille, songea que le bois était un revenu qui venait en dormant; il commanda donc à ses serviteurs (page 90) de planter cent mille pieds d'arbres, afin d'avoir à lui donner cent mille livres de dot en la mariant. Que cet exemple n'est-il imité en France! Nos Grands « man-« gent leurs reuenus à la suite de la Cour en « brauades, despences superflues, tant en « accoustrement qu'autres choses. » Qu'il leur serait « plus vtile de manger des oignons « auec leurs tenanciers, et les instruire à « bien viure, monstrer bon exemple, les « accorder de leurs différens, les empescher « de se ruyner en procès, planter, edifier, « fossoyer, nourrir, entretenir, et en temps « requis, et necessaire, se tenir prests à faire » seruice à son Prince, pour defendre la « patrie. » Ah! cette maladie-là n'est donc pas nouvelle! Le remède indiqué par le grand observateur du xvie siècle, serait encore excellent, si l'on consentait à l'employer.

Palissy a un si vif amour pour l'agriculture qu'il s'irrite contre les bûcherons qui mettent peu de soin à tailler les arbres. On sent dans cette page toute la tendresse d'âme d'un Virgile, et toute l'émotion d'un véritable poëte. Ces bûcherons de Saintonge (page 25) « en « couppant leurs taillis, laissoient la seppe au « tronc qui demeuroit en terre tout fendu, « brisé et esclatté, ne se souciant du tronc, « pourueu qu'ils eussent le bois. » Il « s'es-« merueille que le bois ne crie d'estre ainsi

« vilainement meurtry. » On croirait entendre le cri vengeur de Ronsard contre la destruction de la forêt de Gastine : — Elégie XXX —

> *Escoute, Bucheron (arreste vn peu le bras),*
> *Ce ne sont pas des bois que tu iettes à bas,*
> *Ne vois-tu pas le sang lequel degoute à force*
> *Des Nymphes qui viuoient dessous la dure escorce ?*
> *Sacrilege meurtrier, si on pend vn voleur*
> *Pour piller vn butin de bien peu de valeur,*
> *Combien de feux, de fers, de morts et de destresses*
> *Merites-tu, meschant, pour tuer nos Déesses?*
> . . . .

Le voyageur agronome ne comprend pas (page 90) l'indifférence que les laboureurs montrent pour leurs instruments aratoires, quand ils les devraient avoir en plus grande considération que les plus précieuses armures, et ce dédain des nobles pour la charrue poussé à tel point que, fussent-ils endettés jusqu'aux oreilles, ils se croiraient deshonorés s'ils y mettaient la main. Assurément, si Palissy revenait parmi nous, il se féliciterait de voir nos gentilshommes remporter les prix dans les comices agricoles. De nos jours ils se font volontiers agriculteurs, et ne conservent que pour le commerce cette répulsion héréditaire que Maître Bernard leur reprochait à l'endroit de la terre.

Et ce n'est pas le seul progrès accompli qu'il ait réclamé. Il voulait que le roi érigeât certains offices, états et honneurs à ceux qui inventeraient quelque engin nouveau ou perfectionnerait quelque instrument rural, bien assuré qu'on s'y jetterait avec plus d'empressement que les soldats français à l'assaut d'une ville. On a exaucé ses vœux : une même récompense, la croix d'honneur, met au même rang les services agricoles et les services militaires.

Mais tous les vices qu'il a signalés ne sont pas détruits. En quels termes énergiques il se plaint (page 86) « d'vn tas de fols labou-
« reurs, que soudain qu'ils ont vn peu de
« bien, qu'ils auront gagné auec grand labeur
« en leur ieunesse, ils auront apres honte de
« faire leurs enfans de leur estat de labou-
« rage, ains les feront du premier iour plus
« grands qu'eux-mesmes... et ce que le
« pauure homme aura gagné à grande peine
« et labeur, il en despendra vne grand'partie
« à faire son fils Monsieur, lequel Monsieur
« aura en fin honte de se trouuer en la com-
« pagnie de son père, et sera desplaisant qu'on
« dira qu'il est fils d'vn laboureur. Et si
« de cas fortuit, le bon homme a certains
« autres enfans, ce sera ce Monsieur là, qui
« mangera les autres, et aura la meilleure

« part, sans auoir esgard qu'il a beaucoup
« cousté aux escholes pendant que ses autres
« freres cultiuoient la terre auec leur
« pere. »

Ces lignes sont écrites d'hier, et pourraient sans doute, hélas ! être écrites demain.

Il serait trop long de raconter tous les faits qu'il recueillit dans ses voyages. Il passait dans les champs, dans les villes, les yeux tout grand ouverts, l'esprit attentif, regardant, examinant, s'informant, scrutant. La Fontaine, — livre xi, fable ix, — a peint le chat-huant qui, dans sa prévoyance, coupait la patte à des souris pour les empêcher de s'enfuir et les engraissait délicatement, puis s'en servait une chaque jour à son dîner. Palissy fut témoin d'un fait non moins étrange ; c'est un renard (page 87), « lequel
« se trouuant persecuté des puces, prenoit un
« bouchon de mousse dedans sa bouche, et
« s'en alloit à vn ruisseau, et s'estant culé
« dedans ledit ruisseau, il entroit petit à
« petit pour faire fuyr toutes les puces du
« corps en sa teste : et quand elles s'en
« estoyent fuyes iusques à la teste, le renard
« se plongeoit encore tousiours, iusques à ce
« qu'elles fussent toutes sur le museau, et
« quand elles estoyent sur le museau, il se
« plongeoit iusqu'à ce qu'elles fussent sur

« la mousse, qu'il auoit mise en sa gueule, et
« quand elles estoyent sur la mousse, il se
« plongeoit tout à vn coup, et s'en alloit
« sortir au dessus du courant de l'eau : et
« ainsi, il laissoit ses puces sur ladite mousse,
« laquelle mousse leur seruoit de bateau pour
« s'en aller d'vn autre costé. »

XV

Le Nord surtout fut le théâtre où Bernard promena avec succès ses regards investigateurs. Il y trouva eaux minérales, rochers, fossiles en grande quantité, marne, tout ce qui était l'objet de ses études.. Un jour, il part de Mezières, suit la Meuse, arrive à Dinan, de là à Liége.

Dans ce pays de Liége (page 295), la Meuse coule entre deux montagnes d'une merveilleuse hauteur, arides pourtant, et formées de cailloux blancs et gris, si durs que les pierres ne s'en peuvent couper; mais dans leurs flancs sont creusées de nombreuses mines d'ardoises. Il va à Spa, et en rapporte une plaisanterie sur les eaux ferrugineuses qu'on y court boire ; il va à Aix-la-Chapelle, et ne croit pas à la vertu des thermes qu'on y trouve. Il va à Anvers; il y voit (page 251) les verriers fabriquer le cristal, et obligés de faire venir de la Bourgogne les terres argileuses de leurs fours. Ils font bien venir leur sel de Brouage en Saintonge : car leur sol, trop perméable, ne leur permet pas de faire des marais salants, et les rend, de ce côté encore, tributaires de la France. Les marquis de Rhien, seigneurs d'Anvers, l'ont bien essayé; mais, après des dépenses considérables, ils ont été forcés de renoncer à ce projet. D'après le calcul de Guichardin dans sa *Description des Pays-Bas*, imprimée à Anvers en 1582, Brouage, qui, au rapport de Géraud Langrois, produit le meilleur sel, en fournissait au moins pour six cent mille francs à cette ville par an.

Des Ardennes, Palissy passe en Picardie, puis en Normandie. Il signale le mauvais état des citernes dans cette dernière province. Ah! si les hommes le voulaient croire! (page 142) ils auraient toujours des eaux pures pour eux et pour leurs bestiaux. Ensuite il nous raconte l'industrieuse prévoyance d'un père de famille Normand. Ses terres fort infertiles ne lui rapportaient pas assez de blé pour sa maison. Ses voisins (page 338), quand il en allait chercher à la ville voisine, le maudissaient, disant qu'il faisait enchérir le pain. Un jour, il vit dans un fossé une terre blanche, dont la coloration lui parut singulière ; il en remplit son chapeau, et la porta en un coin de son champ ensemencé. A l'endroit qu'il l'avait jetée, le blé poussa plus beau que partout ailleurs. L'opération fut renouvelée l'année suivante sur toutes les terres arables. La marne était trouvée et reconnue en Normandie.

XVI

Nous perdons ensuite la trace de l'ouvrier jusqu'en Bretagne. Il alla bien à Soissons, à Meaux ; mais est-ce dans ce premier voyage ? ne serait-ce pas plutôt quand il habitait Paris. En Bretagne il voit, et aussi en Poitou, les vitres des églises incisées par les intempéries des saisons. Les vitriers disent (page 50) : C'est la lune qui ronge ainsi ces verres. Lui prétend, et avec raison, que les pluies sont la seule cause de ces dégâts : car, ajoute M. Cap, « le verre est un silicate qui, « dans certaines conditions, est susceptible « de s'altérer au contact de la chaleur et de « l'humidité. » On a pu voir de ces fioles ou urnes en verre qu'on avait trouvées dans la terre, détériorées, mais revêtues d'une légère pellicule présentant à la lumière le phénomène de l'irisation.

Le voici à Brest (page 219), où le maître maçon des fortifications du port lui affirme qu'il y a aux environs de la ville « grand « nombre de coquilles de poissons qui, pour « auoir croupy quelque temps dans les eaux « métalliques sont réduites en métal sans « perdre leur forme, » phénomène dont l'explication a été donnée plus haut.

A Nantes, l'artisan voyageur observe que les piliers des ponts sont protégés (page 173) contre la violence du courant par une grande quantité de bois placés en avant. De même, il faut des arbres aux montagnes; ils brisent la violence des torrents qui tombent de leurs sommets; ils les empêchent d'en dénuder les flancs, de les raviner profondément; et, laissant peu à peu, au moyen de leurs feuillages, filtrer lentement les eaux pluviales, ils conservent un gazon frais pour les troupeaux, des réservoirs secrets pour les fontaines, et fournissent à l'humus les sels végétaux de mille détritus, précieux engrais pour les plantes. Que fait-on aujourd'hui? N'est-ce pas, sous l'influence de ces idées, qu'on s'occupe de reboiser les montagnes que la spéculation a découvertes complètement? Ne constate-t-on pas en moyenne tous les dix ans que ce déboisement est une des causes de ces épouvantables ravages que font éprouver aux contrées du centre de la France les rivières et les fleuves débordés? Mais le fléau passé, on ne songe plus à ce qui l'a amené ; on l'oublie lui-même, jusqu'à la prochaine inondadation.

Palissy franchit l'Anjou (page 343). Dans la capitale de cette province (page 284), un maître orfèvre, Marc Thomaseau, lui montre « une fleur reduite en pierre, chose fort « admirable, d'autant que l'on voit en icelle « le dessous et dessus des parties de la fleur « les plus tenues et déliées. » Selon toute apparence, cette fleur était un polype de mer à bouquet, pétrifié.

Par le Poitou Bernard rentra en Saintonge.

XVII

Depuis combien d'années était-il sorti de ce pays? et quelle année y revint-il? Les dates sont incertaines. Ce que l'on sait positivement, c'est qu'en 1538 il était établi à Saintes. Mais il y pouvait être depuis quelques années déjà.

Palissy séjourna longtemps dans cette ville. On a cherché la rue qu'il avait habitée. La tradition plaçait sa maison au faubourg actuel des Roches. Une assez pauvre rue y porte encore son nom ; et le quai, qui de la place Blair, ainsi appelée de l'Intendant qui la créa, conduit au quai des Roches, est connu comme le quai de Palissy. C'est la tradition qui a imposé cette dénomination de *quai Palissy*, et en matière de souvenir la tradition a son importance. Il y a d'autres petits faits qui viendraient l'appuyer. Voici à ce propos une lettre que le rédacteur en chef du *Courrier des Deux Charentes*, M. P. Conil, m'a bien voulu publier dans le numéro du 28 janvier 1864 de son journal. C'est une pétition adressée au Conseil municipal de Saintes par la *Rue de l'Aubarée*, ci-devant *Eau barrée*. — Elle peut servir à éclaircir le point douteux.

XVIII

A Messieurs les Maire et Conseillers municipaux de la ville de Saintes.

Messieurs,

Je m'appelais autrefois *Rue de l'Aubarée*; c'est là ma gloire, c'est mon titre de noblesse. Les pauvres tiennent beaucoup au peu qu'ils possèdent! Dans tous les cas, c'est mon nom. En 1809, un graveur ignorant est venu, qui, sans respect et sans orthographe, m'a baptisée : RUE DE L'EAU BARRÉE. *Eau-Barrée !!!* Qu'est-ce que c'est qu'une *eau* qui est *barrée?* Jamais je n'ai été eau barrée et je ne veux pas l'être. Un savant spirituel et saintongeais — on en trouve ! — M. Castagnary, a montré que le substantif AUBARÉE vient du latin *Alburnum*, dont on a fait

Aubiers et *Aubarées*. Moi, je n'en sais pas si long, et m'en rapporte à vous volontiers, Messieurs : décidez ! Mais je veux rester Aubarée ; et vous m'y aiderez.

On m'apprend que vous allez élever une statue à Bernard Palissy ; et bien vous ferez. C'est un grand homme. Je l'ai connu. Il avait tout près de moi son jardin et sa maison, avant que les Maire et Echevins de la bonne ville de Saintes lui eussent gracieusement offert, pour l'achèvement de son œuvre, une des tours des remparts de la cité, non loin du pont aujourd'hui détruit. Que de fois je l'ai vu triste, découragé, abattu ! Parfois un éclair de joie et d'espoir illuminait son front sévère : il trouvait sans doute en rêve l'émail tant cherché, ou prévoyait peut-être les honneurs que vous allez lui rendre. Plus tard, il s'est souvenu des moments passés à l'ombre de mes arbres.

« J'estois, dit-il, vn iour, me pourmenant
« le long de la prairie de ceste ville de Xaintes,
« pres du fleuue de Charante... J'ouy la voix
« de certaines vierges qui estoyent assises
« sous certaines aubarees et chantoyent le
« pseaume cent quatriesme..... »

Et ailleurs il s'explique plus clairement ; après avoir décrit les ébats des chevreaux et des brebis dans la prairie, il ajoute :

« Toutes ces choses me donnoyent vn si
« grand plaisir que ie disois en moy-mesme
« que les hommes estoyent bien fols d'ainsi
« mespriser les lieux champestres et l'art
« d'agriculture, lequel nos peres anciens,
« gens de bien, et Prophetes, ont bien voulu
« eux-mesmes exercer, et mesme garder les
« troupeaux.....
« Pour me recreer, ie me pourmenois le
« long des aubarees, et, en me pourmenant
« sous la couverture d'icelles, i'entendois vn
« peu murmurer les eaux du ruisseau qui
« passoit au pied desdites Aubarees, et,
« d'autre part, i'entendois la voix des oiselets
« qui estoyent sur lesdits aubiers. »

Consultez, Messieurs, le plan de la ville en 1560; vous y verrez parfaitement indiqués, et le ruisseau qui sort encore de la Grand-Font, et les Aubiers qui n'y sont plus, et la rue de l'Aubarée, ici présente.

Plus loin, l'écrivain continue :

« I'apperceu plusieurs choses qui sont
« déduites et narrées au Pseaume susdit : car
« ie voyois les connils iouans, sautans et pena-
« dans le long de la montagne. »

Tout passe, tout change, Messieurs. Il n'existe plus de CONNILS, *cuniculus*, que parmi les rédacteurs du *Courrier des Deux Charentes*, ou bien encore dans la science héraldique, où l'on dit : *D'argent au* conil *de gueules rongeant une feuille de chou de sinople*. Les connils se sont métamorphosés en prosaïques lapins ; et l'aubarée est devenue *Eau barrée*.

Que dirait ma voisine, *la rue Blanc-l'OEil*, si on la changeait en *rue de l'OEil poché*, ou *rue l'OEil au beurre noir ?* Vous avez été forcés, un beau jour, d'écrire : *Rue de la Sous-Préfecture*, là où il y avait plus élégamment *rue de la Préfecture*. Passe encore d'avoir fait de la *rue Neuve* une *rue du Collége*, et de la *rue de la Poste aux lettres* la *rue Réverseaux*. Mais pourquoi avoir nommé *rue Notre-Dame* la *rue des Notre-Dames*, qui rappelait le couvent des religieuses nommées *les Notre-Dames ?* Il y avait, je parle de quelques années déjà, une autre rue dite *rue du Port-Soleil*, parce qu'elle conduisait au port appelé *Soleil ;* car il regardait le Midi. On supprimait, en prononçant, la dernière syllabe : *Port-So*. Le mot offusqua. *Proh ! pudor !...* Et voilà comment la *rue du Port-Soleil* est aujourd'hui *rue du Pontceau*. Le même changement de *Port* en *Pont* a eu lieu pour un chef-lieu de canton du département du Gard ; la ville du *Port* n'est plus connue que sous le nom de *Pont-Saint-Esprit*.

Moi, au moins, je me suis toujours appelée *Aubarée* L'orthographe seule a varié. Demandez à l'un de vos honorables collègues, M° Michaud, l'héritier soigneux des tabellions de mon quartier; il vous montrera un acte de vente du 27 mai 1701, par lequel acte Mademoiselle Latache, veuve Seuillet, de Beauregard, paroisse de Chaniers, vend à Hellic Tabois, marchand, de Saintes, une maison tubline et son jardin, « confrontant d'un côté à un petit sentier qui conduit du village des Roches à la font de l'*Aubarée* : d'un bout, par le derrière, au cours d'eau qui conduit du lieu des Monnards au fleuve de Charente. » Et si vous le pressiez un peu, il vous citerait un autre acte du 11 avril 1597, où le mot insignifiant de *Lucérat* est poétiquement écrit *Lux erat*, qui a été, évidemment, le nom primitif. Mais voilà justement comme on écrit ces noms.

Du reste, veuillez remarquer comment à Saintes on prononce mon nom. Dit-on *Aubârée*, avec un accent circonflexe sur l'*â* ? ce qu'on ne manquerait pas de faire s'il y avait deux consonnes, deux R. Non; on dit *Aubarée*, avec un seul R. J'en appelle à vous, Messieurs.

Vous pouvez d'après cela juger combien légitime est ma réclamation. Un coup de pinceau et de ciseau, s'il vous plaît, Messieurs : deux, au plus : vous êtes trop justes pour me refuser cette petite et légitime satisfaction.

Ce que je sollicite humblement n'est qu'une simple rectification sur les registres de l'état civil de la ville de Saintes. Tant d'autres veulent aujourd'hui faire ajouter quelques syllabes à leur nom qu'il me sera bien permis, à moi, de réclamer la suppression d'une ou deux lettres. A vous, Messieurs, transformés pour un moment en Conseil du sceau, de me rendre mon nom véritable. Vous le pouvez, et vous le ferez, j'en ai le ferme espoir.

Que si, par hasard, vous teniez à ce qu'il y eût chez moi quelque chose de barré, que ce ne soit pas l'eau ; je vous en prie, laissez-la passer ; laissez-la courir ; mais barrez l'E, Messieurs, barrez l'R.

J'ai l'honneur d'être, Messieurs les Maire et Conseillers municipaux, votre bien vieille et fort radoteuse servante,

La rue de l'AUBARÉE.

La pétition qu'on vient de lire eut le succès qu'elle pouvait espérer. Trois mois après, en avril 1864, la plaque de la *rue de l'Eau barrée* fut changée ; et celle qui la remplaça porte : *Rue de l'Aubarée.*

XIX

Les paroles de Palissy, on le voit, sont formelles. Elles indiquent assez clairement que sa maison était au faubourg des Roches ou tout près. Sa proximité était sans un doute le motif qui faisait de cet endroit le but ordinaire des promenades de l'artisan. N'est-il pas naturel de penser qu'il venait sous les aubiers du quai qui porte aujourd'hui son nom, parce qu'il n'avait pas à traverser toute une ville fermée de murailles, et qu'il avait la campagne à sa porte? Placez sa maison à tout autre coin de la ville; il est probable que ce rêveur, ce méditatif prendra la première rue qui le conduira vite hors de la cité, et ne subira pas l'ennui d'en parcourir la moitié pour aller chercher au *quai des Roches* l'air pur des champs, le calme et la solitude qu'il trouve devant lui.

Une autre considération me frappe : Palissy avait un jardin : « Ie n'ay, dit-il « (page 83), trouué vne plus grande delecta- « tion que d'auoir vn beau iardin. » Saintes était une ville fortifiée, ne l'oublions pas. On sait avec quelle parcimonie l'espace était mesuré dans ces cités du Moyen-Age ; les rues étroites qu'on y voit encore en sont la preuve. Or, un *beau jardin* dans une ville ceinte de remparts, c'est un luxe bien grand pour un pauvre potier. Je suppose donc, d'après cela, que le premier séjour de Palissy fut au faubourg des Roches, en dehors du mur d'enceinte. Une tradition immémoriale le raconte. Et cette tradition n'a rien de contraire à ce que nous savons.

XX

Mais si ce lieu d'habitation est, malgré ces preuves, un peu conjectural, il en est un qui est certain. Palissy a demeuré sur le *quai actuel des Récollets*, presque en face l'Arc de triomphe reconstruit, à peu près sur l'emplacement qu'occupe aujourd'hui le *café de la Couronne*. C'est ce qu'a démontré clairement M. Dangibeaud, juge au tribunal civil de Saintes, mort en 1849, dans un *mémoire* qu'il lut, le 10 février 1843, à la *Société archéologique de Saintes*. Ce travail, *La maison et l'atelier de Bernard Palissy*, publié en 1863 par M. de la Morinerie, dans l'ouvrage *Saintes au XVIe siècle*, (Evreux, chez A. Hérissey), avait déjà été analysé par M. l'abbé Lacurie dans sa *Monographie de Saintes*, (Saintes, chez Hus, 1862), et avec quelques notes de M. Jules de Clervaux, dans le *Bulletin de la Société du Protestantisme français*, livraison d'avril et mai 1863.

La pièce fondamentale de ce débat est une requête adressée au mois de mars 1576, et non 1756, comme le dit avec erreur le *Bulletin*, par un sieur Bastien de Launay, au Maire et aux Échevins de la ville de Saintes. Nous croyons devoir transcrire ce document de nouveau. M. Dangibeaud a omis çà et là deux ou trois lignes, qui ne laissent pas d'avoir quelque importance. Le voici fidèlement copié sur l'original, qui se trouve à la page 25º du registre des délibérations de la Maison commune de Saintes, de janvier 1576 à décembre 1589. BB 7. Nous nous permettrons seulement de jeter çà et là quelques virgules, de mettre des accents sur les *e* et des points sur les *i*; Bastien de Launay n'était pas fort en signes de ponctuation ou d'accentuation, je ne dis pas d'orthographe. Pour le reste nous suivrons pas à pas la dissertation de l'archéologue saintais.

A Nos Seigneurs les maire et eschevins de la ville de Xaintes.

Bastien de Launay vous remonstre que par cy-deuant vous auriez donné et arranté audit de Launay une place et tour scize près la maison de maistre Bernard Pallicis, pour le prix et somme de cinq soulz de rente que led. suppliant a tousiours payé despuis led. arrentement jusques à présent à la recepte de lad. maison commune, fors despuis quelque temps en ça qu'il auroyt cessé de paier lad. rente au moyen de ce que led. maistre Bernard a occuppé lad. place et tour pour l'estendue de son oeuvre, comme ung chacung, scayt qui apartient à monsieur le connestable, et ce pendant et devant laquelle occuppation par led. Mre Bernard faicte comme dict est, monseigneur le seneschal, par provision et jusqu'à ce que led. œuvre fust enleve de lad. ville et lieu occuppe, il auroyt baillé à icellui suppliant une autre tour appellée vulgairement la tour du bourreau pour l'exécusion et vacation de l'art dudit suppliant, laquelle tour il auroyt ce néantmoings faict racoustrer à ses propres coutz et despens, d'aultant que durant les troubles elle estait tombée en ruyne, et d'aultant qu'à présent ladicte oeuvre dudict Mre Bernard est parachevée, qui estoit enlevé pour estre conduict au lieu où il plaira au roy ou mondict seigneur le connestable, et que ladicte place deviendra innutille et de laquelle aulcung nen payroyt rente, ce consideré, il vous plaise, et que le reuenu de la dicte ville ne soict diminué; de vos graces continuer le

dict suppliant à payer la dicte rente, et ce faisant, le restablir en la dicte tour et place.....
....

La fin de cette pièce rongée par l'humidité a disparu. Il m'a été impossible de savoir quelle suite on avait donné à cette supplique de Bastien de Launay; ce qui importe fort peu du reste.

XXI

Ce papier montre deux choses : que la maison de Maître Bernard était située près d'une tour primitivement louée à de Launay, et que cette tour était devenue l'atelier agrandi du potier. Il prouve en outre, ce que M. Dangibeaud a scrupuleusement élagué de son texte, sans doute parce qu'on le savait déjà, que l'atelier avait été construit aux frais du connétable Anne de Montmorency.

La tour en question ne pouvait être qu'une des vingt tours qui formaient l'enceinte murale de la cité Santone, puisque dans l'intérieur de la ville il n'existait aucune construction de ce genre; et par conséquent, la maison de l'artisan, voisine de ladite tour, était placée près des remparts. Mais en quelle partie des fortifications?

Le 13 décembre 1575, le lieutenant pour le roi au pays de Saintonge, M. de la Chapelle, réglait par une ordonnance le service de la garde de la ville entre les habitants et les soldats de la garnison, et il disait :

« Les trois capitaines des soldats pousseront
» leur garde tous les soirs savoir est : ung
» à la porte Esguière, qui estendra les senti-
» nelles, et les mettra depuis la tour de l'Es-
» pingolle jusqu'à la tour qui est entre le
» corps de garde, et la bresche appelée la tour
» de Maître Bernard. »

La tour de Maître Bernard! cette tour était attenante aux remparts, puisqu'elle recevait une sentinelle. On ne peut douter que ce ne soit la même dont parle de Launay : il n'y avait certes point alors deux Maîtres Bernard, et Palissy ne devait pas occuper deux tours. Autrement Bastien de Launay eut nettement déterminé celle dont il entendait parler.

Le lieutenant du roi continue :

« L'autre corps de garde sera près de la
» porte du Pont, qui mettra ses sentinelles à
» la tour du Cordier et à la porte du Chapitre.

« Et le tiers corps de garde sera à la porte
» Evesque, qui se fera pareillement par lesdits
» soldats qui mettront sentinelle à la tour
» du Cordier et à la Marsaude... »

Ces lignes embrassent toute la partie des remparts qui s'étendaient depuis ce qu'on appelle aujourd'hui la rue *Porte Aiguière* jusqu'à la *Porte Saint-Louis*, en suivant le *Cours National* et les quais. C'est dans cet espace qu'il faut chercher la demeure de Palissy.

Mais cette maison était entre le corps de garde et la brèche. Où était le corps de garde? où était la brèche?

XXII

Le corps de garde était placé dans la tour qui s'élevait à l'angle actuel du *Cours National* et du *Quai des Récollets*, vis-à-vis notre pont suspendu. La brèche était fort près du pont aujourd'hui détruit, qui portait l'Arc triomphal de Germanicus. On ne peut discuter ce point : car il n'y avait qu'une brèche.

Avant 1570, quatre fois la ville était tombée au pouvoir des partis contraires, mais toujours par surprise ou par trahison, et presque sans coup férir. Mais au mois d'août de cette année, René de Pontivy, chef des Calvinistes, vint attaquer Saintes défendue par Jean de Beaufort, marquis de Canillac et comte d'Alais. La tour du Bourreau, située à l'entrée du pont, du côté de la ville, fut promptement démantelée par le canon. Scipion Vergano, habile ingénieur, fit dresser ensuite une batterie contre la partie du rempart démasqué par les ruines de la tour; et les premières décharges d'artillerie y pratiquèrent une ouverture de quatre-vingt-dix pas. (Massiou, IV, 228 — D'Aubigné I, livre V, chapitre 27 — De Thou, livre 47, traduction in-4° tome VI, 55).

Hélas ! après une héroïque résistance, sans espoir de secours, manquant de munitions, exténués de lassitude, inférieurs en nombre, trahis de plus par leur gouverneur, le comte de Coconasso, les assiégés capitulèrent, et obtinrent de se retirer à Saint-Jean-d'Angély avec armes et bagages. Tous n'y arrivèrent pas. Au mépris de la foi jurée, la petite troupe catholique fut assaillie sur la route de Saint-Jean par les Huguenots victorieux. La plupart de ces valeureux vaincus furent massacrés; leurs bagages furent pillés. Près de deux cents femmes ou filles qui suivaient le train, eurent à subir les derniers outrages. C'est ce que racontent les deux protestants J.-A. de Thou, *Histoire VI*, livre XLVII et A. d'Aubigné, témoin occulaire : *Histoire universelle I*, livre 5, chapitre XXIV.

Les malheurs des temps, la misère publique n'avaient pas permis de réparer la partie de la muraille qu'avait renversée le canon des Calvinistes ; et sept ans après la prise de Saintes, la brèche était encore là où l'avait faite Scipion Vergano.

Consultons le plan de la ville de Saintes tel que l'a gravé Georges Braun dans son VRBIVM PRAECIPVARVM MVNDI THEATRVM QUINTVM, n° 17; nous verrons parfaitement, entre la tour du Bourreau, à l'entrée occidentale du pont antique ruiné par la mine en 1843, comme empêchant l'eau de couler, et la tour du corps de garde susdit à l'entrée du pont en fils de fer moderne, nous verrons une seule tour. La brèche s'étendait de cette tour à la tour du Bourreau : c'est donc bien là la tour de Maître Bernard. Palissy parle (page 112) d'une place où « se venoient » iournellement assembler... certains petis » enfants de la ville » près du lieu où il se tenait caché, s'exerçant à son art. Le plan de 1560, fort exact, ne contredit point ce passage, et laisse derrière le rempart apercevoir un espace libre qui pourrait bien être la place dont il est question dans l'écrivain, et où les gamins venaient jurer et blasphémer : « Mort, teste, double teste, triple » teste ! »

XXIII

Installé à Saintes, Bernard Palissy continua quelque temps son métier de peintre-verrier. Un drame que MM. Eusèbe Bombal et Auguste Lestourgie ont publié sur lui en 1858, à Tulle, nous le représente peignant des vitraux pour le Chapitre de Saint-Pierre. Le fait est possible. Saint-Pierre reconstruit sur la vieille basilique romane de Pierre de Confolens par les trois Rochechouart, Guy, Louis et Pierre, successivement évêques de Saintes de 1426 à 1503, pouvait fort bien n'avoir pas encore reçu toute son ornementation ; et peut-être les chanoines ont profité du séjour près d'eux d'un artiste habile pour achever de décorer leur cathédrale de vitraux de couleur, détail indispensable en ce temps-là. A cette occupation, Palissy joignait la *pourtraiture*. Ce n'était pas l'art de faire des portraits, mais de tracer les plans figuratifs des propriétés. « L'on pensoit, dit-il (page » 308) en nostre pays que ie fusse plus sça- » uant en l'art de peinture que ie n'estois, » qui causoit que ie estois plus souuent ap- » pelé pour faire des figures pour les procès. » Ces fonctions d'arpenteur géomètre juré lui rapportaient beaucoup. Son habileté bien constatée attira sur lui l'attention en 1542.

Au milieu des fêtes nuptiales du duc de Clèves et de la princesse de Navarre, à Châtellerault, en 1542, François Ier avait publié le fameux édit sur les salines des pays maritimes de l'Océan. Cet édit soumettait à l'impôt onéreux de la gabelle — trente livres tournois par muid, soit 60 fr. par 24 hect. 78 litres, — le Poitou, l'Aunis, la Saintonge et les îles de Ré et de Marans, qui ne payaient que sept sous six deniers par livre. Grand émoi sur tout le littoral ! Et quand les commissaires, nommés en exécution de l'édit, se mirent en devoir d'exiger le tribut, ce fut une explosion de murmures, de menaces et d'imprécations. Ce sont bien là les circonstances décrites par Palissy (page 276) : « Il y auoit sédition au pays de Xaintonge, » lorsqu'on y vouloit ériger la gabelle. Car,

» en ces iours là ie fus commis pour figurer
» le pays des marez salans. »

François Ier dépêcha en Saintonge le général Boyer avec un corps d'infanterie et le gouverneur du Poitou, Louis III, de la Trémoille, vicomte de Thouars, comte de Taillebourg. La Rochelle se souleva. Le roi en personne parut dans la ville, et tout mouvement fut apaisé, au moins pour quelques années. Les arpenteurs purent travailler paisiblement. Il paraît que Boyer et Louis de la Trémoille avaient essayé d'occuper en Guienne à ces travaux « un maistre Charles, » peintre fort excellent ; » mais le géomètre n'avait pu rapporter qu'une figure informe, un grimoire indéchiffrable. Palissy fut plus heureux ; et cette commission lui fut très-bien payée.

XXIV

Outre la somme d'argent assez forte que lui valut cette levée de plans, Palissy trouva, dans ses courses aux bords de la mer, de nouveaux sujets d'observations, et fit encore plus ample sa moisson de faits. A Saint-Denis, extrême limite nord de l'île d'Oleron, il ramasse (page 39) sur les rochers des oursins, ECHINUS, *hérissons*, comme il les appela, et comme on les appelle encore aujourd'hui ; et quand, peu de temps après, un célèbre avocat de Saintes, nommé Babaud, « amateur » des lettres et des arts, » lui apportant des oursins fossiles, soutint qu'ils étaient travaillés de main d'homme, Palissy lui démontra qu'ils étaient bien naturels.

Les marées, plus fortes en mars et en

juillet sur la côte Santone (page 161), lui font concevoir la pensée que ce n'est pas l'eau de la mer qui alimente les sources. En effet, « aux pays et isles de Xaintonge limitro-
» phes de la mer (page 168) il y a en
» plusieurs bourgs et villages, des puits doux
» et des puits salez... Et qui plus est, et bien
» à noter, il y a plusieurs petites isles, en-
» uironnées et entourées d'eau de la mer,
» mesme quelques vnes qui ne contiennent
» pas vn arpent de terre ferme, esquelles il
» y a puits d'eau douce; ce qui donne claire-
» ment à connoistre que les dites eaux douces
» ne prouiennent ni de source ny de la mer :
» ains des esgouts des pluyes, trauersant les
» terres iusques à ce qu'elles ayent trouué
» fond. » Et peu à peu il en vient à formuler (page 161) « pour vne regle generale et cer-
» taine, que les eaux ne montent iamais plus
» haut que les sources d'où elles procedent. »
Théorie heureuse et féconde qui, mise en pratique, donnera les puits artésiens !

En allant de Marennes à la Rochelle, au retour de l'île d'Oleron, il aperçoit, en un vaste fossé récemment creusé, un énorme amas de coquilles (page 37) « si pres à pres,
» qu'on n'eust sceu mettre vn dos de cousteau
» entre elles sans les toucher. » Cette vue le frappe ; il chemine rêveur le long de cette

route qui se déroule sans fin à travers les marais, de Marennes à Hiers, d'Hiers à Brouage, de Brouage à Moëze, de Moëze à Soubise, de Soubise à Rochefort. L'idée qui se présente la première est que ces débris ont été jetés là par les habitants de quelque maison voisine. Mais il ne resta pas longtemps dans son erreur. Des observations répétées et plus attentives lui firent découvrir la vérité. Dans son second ouvrage, en 1580, réfutant Jérôme Cardan, il montre (page 280), et c'est un de ses principaux titres de gloire, que ces coquilles ne sont pas venues de la mer, mais que, engendrées sur place, elles ont été pétrifiées en même temps que les terres et les eaux où elles habitaient. Les eaux du déluge n'eussent pu faire sortir les poissons de leurs retraites marines.

À Soubise, « ville limitrophe de la mer » (page 276) sur la Charente, il voit un rocher coquiller dont il fait couper un morceau qui lui servira plus tard de démonstration géologique. Ce rocher avait été, selon lui, et avec raison, couvert par l'eau de la mer; la mer en se retirant a laissé à sec une grande quantité de poissons; le tout, vase et poissons, s'est pétrifié. Et ce retrait de la mer est chose certaine; il l'a vérifié. Les indigènes lui ont affirmé que la tour ruinée, gigantesque débris, qui domine encore la presqu'île de Broue, avait été bâtie pour protéger le pays contre les pirates ; qu'autrefois ils avaient vu le canal de Brouage, qui a pris son nom de l'îlot de Broue, venir jusqu'au pied de la tour ; qu'au contraire (page 377), non loin du dangereux pas de Maumusson, ils allaient de l'île d'Arvert en l'île d'Oleron sans difficulté, tandis qu'aujourd'hui c'est là le chemin des navires qui se rendent de Bordeaux à la Rochelle, en Bretagne et en Angleterre : preuve que la mer se diminuant d'une part s'accroît de l'autre. On sait du reste, et l'on pourra consulter avec fruit à ce sujet la savante *Notice* de M. l'abbé Lacurie *sur le pays des Santons à l'époque de la domination romaine,* — Saintes 1857 — on sait que l'Océan qui s'avançait jusqu'à dix kilomètres de Saintes, à Corme-Royal, en est maintenant éloigné de plus de quarante dans cette direction. Du haut de l'élégant clocher de Marennes, on reconnaît parfaitement la falaise, et, dans ce grand golfe des Santons mentionné par Ptolémée, Strabon et les autres géographes, tous ces monticules semés çà et là, collines aujourd'hui, terres flottantes jadis, et que, malgré leur changement d'état, les habitants qualifient encore du nom d'îles.

Ce n'est pas le seul lieu de la côte où se soit fait et se fait encore sentir l'action de la mer, plus puissante sur ce littoral et plus singulière que partout ailleurs. Ailleurs, à l'embouchure du Rhône, pour ne pas sortir de la France, se forme l'immense delta de la Camargue ; par contre, la Biscaye française est continuellement rongée. En Saintonge, l'Océan démolit les pointes avancées et remblaie les golfes, tout à la fois. Il travaille ainsi chaque jour à raser les promontoires et à combler les baies. Il a abandonné l'ancien golfe des Santons ; mais au-dessus il envahit les terres d'un mètre par an. Demandez ce que sont devenues ces villes puissantes, Montmeillan, Chatel-Aillon, dont le souvenir seul est conservé. Elles ont croulé avec les falaises qu'elles dominaient. Chatel-Aillon, capitale de l'Aunis fondée par Jules César, dit-on, fortifiée par Charlemagne, avait, en 1430, *quatorze belles et fortes tours.* En 1630, s'écroula le donjon qu'Amos Barbat, le premier historien de la Rochelle, avait vu *presque* tout en son entier dans l'année 1625. Sept tours qui faisaient jadis face à la campagne surplombaient encore la base en 1660. Les tempêtes de l'hiver les emportèrent ; et les terribles ouragans de 1709, au dire du P. Arcère, anéantirent les derniers vestiges de Chatel-Aillon. « Aujourd'hui, dit M. A. de Quatrefages, dans ses *Souvenirs d'un naturaliste*, tome II, page 337, un modeste corps de garde de douaniers a succédé à ces forteresses de deux âges ; mais il ne repose pas sur leurs débris. Sur cette falaise qui manque sous eux, tours ou bastions n'ont pas le temps de laisser des ruines ; et, comme des soldats frappés à leur poste, ils tombent tout entiers. » Et encore devant la marche sans cesse envahissante de la mer, devant l'érosion continuelle de la côte par les eaux, les douaniers de temps en temps sont-ils forcés de reculer leur poste.

XXV

Bernard Palissy, familiarisé avec tous ces divers endroits de la Saintonge, ne les a pas oubliés. Tels il les a décrits, tels ils sont de nos jours. Les brandes de Saint-Sorlin, près de Marennes, s'étendent encore telles qu'il les a parcourues; les marais salants (page 258), dont l'établissement a plus coûté d'argent « qu'il ne faudroit pour faire vne seconde ville de Paris, » produisent encore le fameux sel Saintongeais; au pied de la tour de Broue jaillit encore la fontaine où se venaient approvisionner d'eau douce les écumeurs de mer ; les manouvriers y extraient encore l'argile pour fabriquer des tuiles. Mais la belle église carolingienne du ixe siècle, qui s'élevait sur cette pointe avancée, n'y paraît plus. En septembre dernier, un propriétaire de La Rochelle, qui porte un nom créé pour l'emploi, M. *Du Four*, en faisait démolir le dernier pan de mur pour en construire... un four à briques.

La Saintonge, on peut le dire, est tout entière dans le livre de Palissy : les minéraux qu'elle cache en son sol, les poissons qu'elle nourrit dans ses eaux, les plantes qu'elle porte, les villes qu'elle montre. Voici le salicor (page 247), « herbe salée dont on fait les plus beaux verres. » Voici la fameuse « absinthe appelée Xaintonnique à cause du pays de Xaintonge, » *Artemisia maritima*, ou vulgairement *sanguenite* qui « a telle vertu que, « quand on la fait bouillir, et prenant de sa « décoction, on en destrempe de la farine « pour en faire des bignets fricassez en sein « de porc ou en beurre, et que l'on mange « des dits bignets, ils chassent et mettent « hors tous les vers qui sont dans le corps » (page 247). Voici les vignes (page 246) « apportant d'vn genre de raisins noirs qu'ils appellent chauchetz... si fertiles qu'vne plante de vignes apporte plus de fruits que non pas six de celles de Paris. » et en particulier les ceps de la Foye-Monjault entre Saint-Jean-d'Angély et Niort, qui donnent un vin « qui n'est pas moins estimé qu'hyppocras. »

Voici les maigres et les sèches dont un seul

homme « fait (page 239) saler et sècher pour « plus de cinq cents liures tous les ans, desquels « ne s'en pesche pas vn en hyuer; » ce qui l'amène à dire que les poissons se tiennent en hiver au fond de l'eau, et à affirmer que les glaçons se forment à la surface, non pas au fond, comme le voulaient des physiciens.

Voici Brouage situé au milieu des marais salants. Brouage dont le nom vient, dit-on, du mot celtique BROU, *marécage,* n'a pas d'eau potable. Fondée, en 1555, par Jacques de Pons, baron de Mirambeau et époux de Marguerite de Foix, fille du célèbre Captal de de Buch, cette ville s'était de là appelée JACOPOLIS, *Jacqueville.* Alors fort importante, presque ruinée par les Protestants en 1586, relevée par Richelieu, qui en fit le siège d'une amirauté, et qui grava sur tous les angles de ses murs son blason *d'argent à trois chevrons de gueules sommé du chapeau cardinalice et de l'ancre amirale,* et présentant depuis l'aspect d'une ville maudite, Brouage dut à Palissy un conseil qu'elle mit à profit. Voyez « *Advertissement av Gouverneur et habitans de Iaques Pauly* » (page 183). C'est sans doute ce qui a fait bien ridiculement dire à M. Lesson,—*Lettres sur la Saintonge* (page 293), — que « Palissy prend quelquefois le titre d'hydraulicien du roi Henry II. »

Maître Bernard demanda qu'on fît arriver à Brouage, par des canaux souterrains, les eaux des sources d'Hiers, « d'autant qu'audit lieu il y a commencement des bois des pompes tout percé qui ne reste qu'à les emboister l'vn dans l'autre. » Aujourd'hui encore les rares habitants de cette ville fameuse béniraient le nom de cet ingénieur hydraulique improvisé, si les tuyaux de plomb de l'aqueduc n'avaient été enlevés et les conduits comblés. Il leur reste, pour consolation, de contempler à Hiers l'ancien château d'eau.

Saintes surtout a été son séjour de prédilection. Il en parle avec une affection véritable. Cette ville fut sa patrie d'adoption ; et cette patrie-là, parce que nous l'avons librement choisie, nous serait-elle moins chère que celle où le hasard, souvent capricieux, a seul placé notre berceau? Nulle part dans son livre il n'est question de l'endroit où il vint au monde. Saintes le lui avait fait oublier. Un touriste alla un jour à Rome pour y passer quelques semaines; il y passa toute sa vie. Le potier Agenais s'établit dans l'antique capitale de la Saintonge pour y finir ses jours (page 325). Aussi signale-t-il avec empressement tout ce qui contribue à la richesse, à la beauté, à l'ornement de son pays d'habitation. Il rappelle (page 143) ses « deux arcs

« triomphans, que combien qu'ils soyent fon-
« dez dedans l'eau, si est ce qu'ils sont enco-
« res debout, et ne peut on nier qu'ils soyent
« du temps des Cesars, l'escriture qui y est
« inscrite en fait foy. »

Fondés dedans l'eau!... Oui de son temps; mais nous avons changé tout cela. Pour que l'arc de triomphe se trouvât plus à l'aise, on l'a transporté ailleurs, et le pont antique qui l'encastrait a été détruit.

Il cite encore l'aqueduc romain qui amenait à Saintes des eaux potables de la source du Douhet, « pour laquelle voir, le Chancelier de l'hospital se destourna de son chemin (reuenant du voyage de Bayonne). » Il ajoute : « Il y a encores en certaines vallées entre la ville et la souce, quelques arcades sur lesquelles l'on faisoit passer les eaux de ladite source. »

C'est sur les bords de la Charente, dans les prairies qui bordent ce fleuve, qu'il allait promener ses rêveries fécondes, et se délasser des tracas des hommes par le spectacle rasséréant des beautés de la nature et des bontés du Créateur. Pourquoi travaille-t-il? Pour la gloire? Non : il ne paraît pas avoir songé à cette chose qui fait tant divaguer. Ecoutez; et c'est là ce qui fait encore plus admirer ce grand artisan; il veut être utile :

« J'eusse esté bien aise, écrit-il au début de son traité POUR TROVVER ET CONNOISTRE LA TERRE NOMMÉE MARNE (page 325), j'eusse esté bien aise de laisser quelque profit ou faire quelque seruice au pays de mon habitation. »

Il a souffert à Saintes, et beaucoup; cette bonne ville lui a fait endurer mille tourments. Palissy ne lui en a pas conservé rancune. Au contraire, il semble s'y être attaché plus profondément, comme ces mères qui ont une tendresse plus exquise pour les enfants qui leur ont le plus coûté de douleurs. « Le long des rochers de cette ville de Xaintes, et en contemplant les natures, » il aperçoit (page 37) « en vn rocher certaines pierres qui estoyent faites en façon d'vne corne de mouton, » et qui sont encore aujourd'hui connues sous le nom d'*Ammonites* ou *cornes d'Ammon*.

XXVI

Même quand il fut fixé à Saintes, il voyageait encore, et ses courses ne se bornèrent pas à la Saintonge et aux provinces limitrophes, le Poitou, l'Angoumois. Dans son livre publié en 1563, il dit (page 91) : « Il n'y a pas long-temps, j'estois au pays de Béarn et de Bigorre; » et en passant il se met en colère contre la folie et l'ignorance des laboureurs qui ne s'ingénient pas à changer contre de plus légers leurs lourds intruments aratoires, lorsque tant de petits-maîtres s'étudient bien « à se faire découper du drap en diuerses sortes estranges. » En Périgord, comme en Limousin, Saintonge et Angoumois, l'état déchu de verrier excite sa verve indignée (page 307).
« Les verres sont mechanizez en telle sorte

qu'ils sont venduz et criez par les villages, par ceux mesmes qui crient les vieux drapeaux et la vieille ferraille, tellement que ceux qui les font et ceux qui les vendent trauaillent beaucoup à viure. » A Limoges, il admire les émaux qui ont fait la célébrité de cette ville. Mais il s'irrite du discrédit où ils sont tombés : (page 307) « Considere vn peu, dit-il, les boutons d'esmail (qui est vne inuention tant gentille), lesquelles au commencement se vendoient trois francs la douzaine..... Ils sont venus à tel mespris qu'auiourd'huy les hommes ont honte d'en porter, et disent que ce n'est que pour les belistres, parce qu'ils sont à trop bon marché. As-tu pas veu aussi les émailleurs de Limoges... leur art est deuenu si vil qu'il leur est difficile de gagner leur vie au prix qu'ils donnent leurs œuures. Ie m'asseure avoir veu donner pour trois sols la douzaine des figures d'enseignes que l'on portoit aux bonnets, lesquelles enseignes estoyent si bien labourés et leurs esmaux si bien parfondus sur le cuiure, qu'il n'y auoit nulle peinture si plaisante. » (Page 308).

On a voulu prétendre que la peinture en émail ne datait en France que de 1632, parce qu'alors Jean Toutin, orfévre à Châteaudun, lui donna un nouvel éclat, et la mit à la mode par ses bijoux. Ce passage intéressant de Palissy prouve qu'il faut bien reculer la date, puisqu'en 1580 les émaux de Limoges étaient déjà avilis par le bas prix.

L'émail, *smalta* en italien, *maltha* en latin, connu dès la plus haute antiquité, fut cultivé de bonne heure en Gaule, vers le III° siècle de l'ère chrétienne. Les plus anciens émaux de Limoges que possède le Musée de Cluny, à Paris, sont du XII° siècle. C'est au XVI° siècle que les émailleurs limousins fleurissent surtout. Alors vivaient Pierre Courtin qui travailla avec Palissy à la décoration du château de Madrid, bâti au bois de Boulogne par François I°r, achevé par Henri II, détruit par la Révolution ; Jean Courtin, Léonard Limousin, émailleurs du roi, 1532 à 1560, Jean Limousin, etc. Nul doute que la vue des belles pièces émaillées de ces artistes n'aient fait sur le peintre ambulant une impression vive et durable.

En 1547, à l'époque des Grands Jours de Touraine, Anjou, Maine, Poitou, Angoumois et Aunis, tenus à Tours, il chemine de Parthenay à Bressuire, de Bressuire à Thouars (page 343), remarquant des terres argileuses blanches qui pourraient remplacer les marnes, et servir aux drapiers à fouler et dégraisser leurs draps.

La date de sa visite à Tours est certaine ; il

parle lui-même (page 47) des Grands Jours tenus à Tours; or il n'y a eu de Grands Jours à Tours qu'en 1534, du 10 septembre au 10 novembre, et en 1547. Il ajoute qu'il avait vu à Tours, à cette époque, un grand vicaire de l'archevêque de Tours, abbé de Turpenay. Cet abbé de Turpenay, « homme philophe et amateur des lettres et des bonnes inuentions, » est Jean de Selve, fils de Jean de Selve, premier président du Parlement de Rouen, lui-même docteur, premier abbé commendataire de Turpenay et vicaire général de Georges, cardinal d'Armagnac, archevêque de Tours. Gobet veut que le grand vicaire dont parle Palissy soit Thomas de Gadagne, successeur de Jean de Selve, et prédécesseur de Jean-Baptiste de Gadagne, son neveu. Jean-Baptiste de Gadagne fut d'après le *Gallia Christiana*, aumônier de la reine de Navarre, Jeanne d'Albret, mère de Henri IV; et Thomas de Gadagne fut, selon Gobet, qui lui attribue ce titre d'après Palissy, maître des requêtes de la reine de Navarre. Il y a évidemment une erreur; Palissy s'est trompé, et a induit Gobet en faute. Le seul vicaire général, abbé de Turpenay, qui ait existé pendant les Grands Jours de Tours, est Jean de Selve; il ne fut pas maître des requêtes de la reine de Navarre; Palissy lui a donné un titre qui n'appartient qu'à son 2me successeur. Enfin pendant que Thomas et Jean-Baptiste de Gadagne furent abbés de Turpenay, il n'y eut pas de Grands Jours à Tours.

Jean de Selve donc lui montra en son cabinet plusieurs pierres ayant la ressemblance de dragées de divers façons. Quelques jours après, il le mena à son abbaye de Turpenay, à deux lieues de Chinon ; et, en passant par un village, le long de la Loire, lui fit voir, sous une grande caverne, l'eau qui, suintant par gouttelettes de la voûte, produisait ces espèces de dragées, matières stalagmites en petits grains, dont le physicien par erreur attribue la formation à une vertu congélative de l'eau.

XXVII

C'est dans la Touraine, sans doute aux environs de Saint-Maure, que Palissy trouva ces immenses dépôts de coquilles marines et de polypiers fossiles, connus aujourd'hui sous le nom de faluns ou falunières, et exploités pour l'amendement des terres. Écoutons à ce sujet notre savant géologue jugé par un homme d'esprit. Dans une brochure in-8°, *Les singularités de la nature,* publiée à Bâle en 1768, et réimprimée dans les *œuvres complètes* au tome XXXIX de l'édition de 1785, Voltaire, se cachant sous le pseudonyme « du Révérend Père l'Escarbotier, par la grâce de Dieu, capucin indigne, prédicateur ordinaire et cuisinier du grand couvent de la ville de Clermont en Auvergne, » écrivit ces lignes curieuses:

« Faut-il que tous les physiciens aient été les dupes d'un visionnaire nommé Palissi ? C'était un potier de terre qui travaillait pour le roi Louis XIII ; il est l'auteur d'un livre intitulé *Le moyen de devenir riche, et la manière véritable par laquelle tous les hommes de France pourront apprendre à multiplier leurs trésors et possessions*, par Maître Bernard Palissi, inventeur des *rustiques figulines du roi*. Ce titre seul suffit pour faire connaître le personnage. Il s'imagina qu'une espèce de marne pulvérisée qui est en Touraine, était un magasin de petits poissons de mer. Des philosophes le crurent. Ces milliers de siècles, pendant lesquels la mer avait déposé ses coquilles à trente-six lieues dans les terres, les charmèrent, et me charmeraient tout comme eux, si la chose était vraie.

..... « Mais on aime les systèmes ; et depuis que Palissi a cru que les mines calcaires de Touraine étaient des couches de petoncles, de glands de mer, de buccins, de phollades, cent naturalistes l'ont répété. »

Mon Dieu! comme les gens d'esprit sont sots parfois !...

L'éditeur met en note que M. de Voltaire s'est trompé.... Je le crois bien ; et il ajoute : « Palissi fut un homme d'un véritable génie ; c'est à lui que nous devons l'art de faire la faïence qu'il n'apprit pas des Italiens, mais qu'il devina, et qu'il put porter à un grand degré de perfection : ce n'était pas d'ailleurs un potier de terre, mais un ingénieur assez instruit pour son temps dans les mathématiques et la physique. »

Palissy ne fut pas « un potier de terre. » Fi donc ! « Un ingénieur... » Le mot sonne mieux. Franchement l'annotateur n'avait pas besoin de reprendre Voltaire. Il pouvait lui tendre la main.

Coïncidence étonnante ! Au moment où le potier Palissy trouvait son explication des faluns, Léonard de Vinci, un peintre, faisait de son côté la même découverte.

L'opinion du pauvre ouvrier est maintenant adoptée de tous les savants. Cuvier, un géologue un peu plus compétent que Voltaire, l'a appelée le fondement de la géologie moderne. Pour ruiner le système de Palissy relatif à la formation sur place de pierres composées de coquillages, et celui de Jérôme Cardan qui expliquait par le déluge les coquilles trouvées sur les plus hautes montagnes, Voltaire, qui ne veut ni de la Genèse, ni de la science, a recours à cette singulière hypothèse : des pèlerins apportant là pour leur dîner des huîtres et des sardines.

« Est-ce d'ailleurs, dit-il à l'article *Co-*

quilles du *Dictionnaire philosophique*, une idée tout à fait romanesque de faire réflexion à la foule innombrable de pèlerins qui partaient à pied de Saint-Jacques en Galicie et de toutes les provinces, pour aller à Rome par le mont Cenis chargés de coquilles à leurs bonnets. Il en venait de Syrie, d'Egypte, de Grèce, comme de Pologne et d'Autriche. »

Il dut en venir de Ferney.

Les hommes savants ont suffisamment vengé Palissy de l'ignorance suffisante de l'auteur des *Colimaçons*. Et dans la balance, l'opinion de Fontenelle, de Buffon, de Guettard, de Venel, de Cuvier, sont d'un poids plus grand que les railleries de Voltaire.

« Des moines, ne sont pas des raisons, » disait Pascal ; des plaisanteries d'un goût douteux ne sont pas davantage des preuves. Palissy, en dépit d'un tel détracteur qui ne l'avait pas lu, restera un géologue étonnant.

XXVIII

Vers cette époque, eut lieu un incident qui eut sur la vie de notre peintre-verrier une influence décisive. Il s'était marié, et en Saintonge certainement. Avec une discrétion de bon goût, l'écrivain a peu parlé de son épouse. Il en a dit assez pour nous révéler un de ces esprits qu'on appelle positifs, aimant le solide et le réel, fuyant comme la peste tout ce qui ressemble à la chimère et à l'idéal, épris de la raison, n'accordant que fort peu à l'imagination, rêvant, s'ils rêvent, de fortune, d'établissement durable et un peu d'opulence, terre-à-terre, comme un pot au feu. Dans un humble ménage d'ouvrier chaque jour amène son pain et chaque année un enfant. Palissy fut bientôt chargé de famille. Il nous raconte lui-même, le malheureux père ! que les vers lui tuèrent six enfants. Il lui en resta, que plus tard il associa sans doute à son art.

D'autre part, les travaux de géomètre-arpenteur, parce qu'ils n'étaient point continuels, n'étaient qu'une ressource précaire, et la peinture sur verre ne pouvait suffire aux besoins toujours croissants de la maison.

On sait combien furent en honneur, du XIIIe au XVIIe siècle, les vitraux peints. Toutes les églises s'en décoraient. Les chapitres rivalisèrent avec les monastères. Noble émulation qui produisait des chefs-d'œuvre ! Comme les verrières conviennent bien aux basiliques mystérieuses ! La lumière filtrée qu'elles y laissent pénétrer, loin d'y nuire, ajoute à la religieuse horreur des longues et sombres nefs. Nos vieilles cathédrales prouvent encore à quel rare degré la perfection en avait été portée au XIVe siècle. Mais au milieu du XVIe siècle la peinture sur verre se mourait. Le vent néo-païen qui soufflait alors d'Italie, desséchait lentement cet art éminemment catholique et français. Les luttes et les ravages de la Réformation n'étaient guère propres à lui rendre son éclat qui s'affaiblissait. Les Protestants qui renversaient les églises, brisaient aussi bien les saints dessinés sur le verre que les saintes sculptées dans la pierre. Les images peintes n'avaient plus grande faveur. Nous avons pour témoin de cette décadence Bernard Palissy lui-même ; il nous apprend (page 311) qu' « on commençoit à les délaisser au pays de son habitation. » Par suite « la vitrerie n'auoit pas grande requeste. » Ce n'est pas tout : huguenot, il ne trouvait pas à exercer son talent de peintre-verrier dans les temples nus et froids de la Réforme, et devait travailler nécessairement pour les catholiques. De là une situation délicate. Comme tout bon protestant, il blâmait sans doute le culte rendu aux saints ; et le respect dont nous entourons leur image, il le réprouvait comme une nouvelle idolâtrie. Mais pouvait-il, remarque M. Cazenove de Pradines, oublier, lui, versé dans la Bible, ce souhait du psaume CXIII[e] :

SIMILES ILLIS FIANT QUI FACIUNT EA.

Qu'ainsi deviennent semblables à ces statues tous ceux qui les fabriquent.

Ses coréligionnaires, du reste, ne le laissaient pas tranquillement donner carrière à son talent de peintre ; ils éveillèrent ses scrupules de conscience, lui firent honte de sa condescendance, et raillèrent sans doute ses complaisances accommodantes. Palissy s'est souvenu de ces « propos qu'aucuns lui auoient tenus en se moquant de lui (page 311), lorsqu'il peindoit des images. » Que faire donc?

Il était dans cette situation pleine d'inquiétudes, et avec la perspective d'un avenir sombre, lorsque le hasard — le hasard qui est bien souvent la Providence — fit tomber en ses mains une coupe de terre émaillée. L'époque de cet événement est incertaine. On peut cependant la fixer en 1539 ou 1540. Car en 1542, lorsqu'il fut chargé de lever le plan des marais salants, il y avait déjà plusieurs années qu'il l'avait sous les yeux.

D'où venait elle ? Elle venait d'où est venue la poudre de terre blanche qui, en 1707, saupoudra d'un poids inaccoutumé la perruque d'un chimiste allemand Botticher, faisant déjà des recherches pour le compte de l'électeur de Saxe, et qui expérimentée par lui au feu donna la porcelaine. Elle venait d'où est venu le filet de vapeur de la marmite bouillante qui révéla à Denis Papin, de Blois, la force de la vapeur, et de la pomme qui fit trouver la gravitation universelle à Newton, c'est-à-dire de la Providence.

XXIX

L'émail, véritable vernis rendu opaque par l'introduction d'une certaine quantité d'oxyde d'étain, paraît être dû à l'Orient et particulièrement aux Arabes. On en constate la présence sur des objets trouvés à Babylone, à Ninive, sur les mosaïques de Perse et d'Arabie, plus tard à la Giralda de Séville, dans les mosquées de Cordoue. Il passa dans l'île de Majorque, qui appela de son nom *majoliques* les faïences revêtues de l'émail à base d'étain ; de là, en Italie, où, dit-on, dès le temps de Porsenna, l'Etrurie fabriquait une espèce d'émail et en couvrait l'argile. Les Italiens ne connaissaient encore que l'émail à base de plomb. « C'est en 1432 seulement, dit M. Dubroc de Seganges — *La faïence, les faïenciers et les émailleurs de Nevers ;* Paris, chez Aubry, 1863 — avec Lucca della Robia, qu'on en voit apparaître le premier spécimen au-dessus des portes de bronze du baptistère de Florence. » Et Lucca della Robia tenait tellement au secret de son émail stannifère que, selon la légende, il en cacha la recette dans la tête d'une de ses madones « défiant en quelque sorte l'avenir de porter la main sur le chef-d'œuvre auquel il a confié son précieux dépôt. » — *Correspondant,* du 25 février 1864. — Mais ses frères et ses neveux, héritiers de sa découverte et de son génie, transmirent sa découverte à toute l'Italie. Partout s'élevèrent des fourneaux céramiques, et des légions d'artistes qui ne les laissèrent point chômer. Il y en a Urbino, à Pesaro, à Faenza, d'où, selon les uns, vient le mot de *faïence,* qui dérive mieux, selon d'autres, de FAVENTIA, FAYENTIA, ancienne cité romaine de César, aujourd'hui *Fayence,* chef-lieu de canton du département du Var. Il y en a à Pise, à Gênes, à Forli, à Naples, à Padoue, à Ferrare, à Imola. Il est bien probable que, attiré en France par la munificence éclairée de François Ier, quelque transfuge de l'art italien sera venu chez nous fabriquer l'émail. Ainsi s'expliquerait la fameuse date de 1542, gravée avec le nom de *Rouen* sur un pavé émaillé du château d'Ecouen. Ainsi s'expliquerait cette coupe tombée providentiellement entre les mains de Palissy.

M. Rainguet, dans la *Biographie Saintongeaise* (page 437), a raconté que « dès l'an 1542, on avait débarqué à La Rochelle plusieurs caisses de faïences prises sur les Espagnols, et qui provenaient des fabriques de Valence et de Venise. François Ier, alors à La Rochelle, fit acheter cette vaisselle pour son compte particulier. Il en fit transporter une grande partie à Paris, et l'autre fut, par ses ordres, offerte en cadeau à plusieurs dames de La Rochelle. » Ce ne devait certainement pas être la première apparition en France de la célèbre poterie. On peut cependant supposer encore que Palissy, chercheur patient, fureteur sagace, aura rencontré la pièce émaillée dans quelque débris galloromains. Il ne nous a donné aucun détail à ce sujet, et nous ne pouvons suppléer à son silence.

Que ne la laissait-il tranquillement enfouie dans la terre ? Que ne la brisait-il en mille morceaux ? De ce jour il n'eut plus de repos; il entra en dispute avec sa propre pensée (page 311). C'est dans son traité de l'*Art de terre* qu'il faut lire le récit pathétique de ses

tribulations, de ses craintes et de ses espoirs,
de ses déchirements, de ses luttes avec la
nature, avec ses voisins, avec sa famille. Qui
n'a senti des pleurs sourdre dans ses yeux
en parcourant ces lignes naïves, mais éloquentes dans leur simplicité? Qui n'a été ému
de compassion pour les infortunes de l'artiste, et saisi d'admiration pour son opinia-
treté? Pour moi, je m'étonne d'une chose,
c'est que dans ces recueils destinés aux élèves
de nos colléges, et si mal à propos nommés
Morceaux choisis, compilations qui du reste
ont toutes le même mérite, celui de se copier,
nul éditeur n'ait songé à placer près de
Ronsard et de Marot, près de Montaigne et
d'Agrippa d'Aubigné, au milieu des écrivains
célèbres du xvi° siècle, cette page étonnante
du potier saintongeais, comparable aux meil-
leures pages de la littérature française.

XXX

Voyez : le jour tombe ; l'ombre, en grandissant, descend des collines qui bordent la Charente ; et l'arc triomphal de Germanicus, qui s'élève non loin de l'atelier de l'ouvrier inconnu, s'efface dans le crépuscule. Un homme sort furtivement et hâtivement de sa maison : c'est Palissy. Toute la journée il a pilé des ingrédients, façonné des vases, pétri l'argile, construit un four, ou charrié sur son dos l'eau, la pierre ou le sable. En s'éteignant, le soleil, cette lampe du pauvre, interrompt ses travaux et le force au repos ; mais où l'ira-t-il chercher, ce repos nécessaire ? Sans doute au foyer domestique, calme asile où la voix affectueuse d'une épouse, les rires francs, les baisers sonores des bambins, ramèneront la sérénité dans son âme et la joie sur son visage ? Non. Là, au contraire, est la source de ses plus amères douleurs. Sa femme lui reproche de s'obstiner à la recherche d'une chimère et de négliger son métier utile. Le cellier est vide ; l'armoire est vide ; la huche est vide. La maison, certes, n'est pas gaie quand les marmots en haillons grelottent, et qu'on n'a pour eux ni bois flambant dans l'âtre, ni habits en réserve ; quand ils demandent du pain et qu'on n'a rien à leur donner. Il fuit donc les lamentations de son épouse, mère prévoyante, qui met l'existence de ses fils avant la gloire de son mari ; il fuit les cris de ses enfants affamés.

Il va, mais dans les ténèbres, l'œil oblique, inquiet, évitant la rencontre d'un homme — car cet homme peut être un créancier — comme un malfaiteur. Malfaiteur !... il l'est, et plus que malfaiteur : il n'a pas un écu et beaucoup de dettes ! Les commères sur le pas de leur porte, si elles voient passer ce grand corps délabré et décharné, haussent les épaules. « C'est maître Bernard ! pauvre fou ; il fait mourir de faim sa femme et ses enfants... On dit qu'il fabrique de la fausse monnaie... »

Et l'héroïque artisan passe, surprenant à la dérobée ces sots propos des méchantes langues. Il chemine le long de la Charente pour aspirer un peu d'air pur dans la libre nature, au milieu des suaves senteurs des foins coupés, loin de la ville : car il n'oserait se montrer dans les rues. Il a « deux enfants aux nourrices, ne pouvant payer leur salaire. » Ses vêtements, tant il est maigri, ne tiennent plus sur son corps ; ils le quittent peu à peu ; ce ne sont plus des habits, mais quelques loques pendantes, des lambeaux qui tombent sur ses talons. Accoutré et sale « comme vn homme qu'on auroit traîné dans les bourbiers de la ville, » quelle confiance peut-il inspirer ? Les polissons de Saintes — cet âge est sans pitié — le poursuivent de huées : « C'est maître Bernard le fou !... » Il faut, certes, une foi robuste pour croire au génie d'un chrétien aussi misérablement nippé. Alors on jugeait déjà sur l'apparence. Et le stoïque potier supportait tout, avanies de ses proches, calomnies de ses voisins, la pauvreté qui « empêche les bons esprits de parvenir. » Il avait foi en Dieu et confiance en soi.

C'est le récit de ses tribulations qu'il nous a fait et que nous allons suivre.

XXXI

Dans ses *Recherches sur la priorité de la Renaissance Allemande* — Paris, chez Renouard, 1862, page 60—M. Demmin a écrit : « On croit qu'Auguste Hirschwogel, né en 1488, mort en 1560, fut le maître de Palissy, revenu en Allemagne. » Qui croit cela ? Les Allemands peut-être. Comme ils croient qu'il était italien, qu'il décora la cathédrale de Beauvais ! Comme ils croient que sa femme s'appelait Gabrielle, et qu'elle était plus éprise encore que son mari d'art, d'idéal, de chimères..... une Saintongeaise ! D'abord alla-t-il deux fois en Allemagne ? Où est la preuve de ce second voyage ? Comment est-il croyable qu'un homme, intelligent comme Palissy, aussi perspicace, aussi pénétrant, n'ait pas du premier coup deviné le secret du maître, compris ses procédés, et qu'il lui ait fallu quinze ou seize ans pour arriver à la découverte de l'émail qu'il avait vu fabriquer ? Il règne un tel accent de vérité dans la narration de ses épreuves et de ses essais, qu'on n'en peut suspecter la sincérité. Examinons la marche qu'il suit, les moyens qu'il emploie; et nous y remarquerons les tentatives exactement définies d'un inventeur qui cherche, et qui « taste en ténèbres. »

Palissy ne connaît aucune des matières dont se font les émaux; il n'a même jamais vu de terres argileuses. Mais il sait un peu de dessin; et l'émail trouvé, il saura modeler une tête, tracer un marécage, façonner un poisson. Il ne veut d'abord que l'émail blanc, principe de tous les autres; quand il l'aura, il saura bien lui donner toutes les colorations et toutes les teintes nécessaires. Mais comment l'obtenir, cet émail blanc? Il prend toutes les substances qu'il imagine, les pile et les broie. Il achète des pots de terre, met sur chacun d'eux dûment numéroté une matière différente qu'il note avec soin. Il a besoin d'un four, et le construit à sa guise. Mais il n'a jamais vu cuire la terre, et ne sait quel degré de chaleur le four doit avoir; une fois le feu trop fort brûle ses drogues;

une autre fois trop faible il ne peut les fondre.
C'est aux matières qu'il attribue cet insuccès ;
il en cherche d'autres. Peut-être étaient-elles
bonnes ? Plusieurs années se passent ainsi ;
le pauvre artisan gémit, soupire, s'afflige,
mais ne se décourage pas.

Un jour, il s'avise qu'il ne sait pas conduire
le feu, et que des hommes du métier sauront
mieux que lui diriger la cuisson de ces substances. C'est d'ailleurs une dépense de combustible de moins, et l'argent se fait rare à
la maison. Il achète de nouveaux vases, en
couvre trois ou quatre cents d'émail, et prie
les potiers de la Chapelle-des-Pots de vouloir les enfourner avec leurs vaisseaux. Entre
ouvriers on s'oblige. Les potiers de la Chapelle, un peu par complaisance, beaucoup
par curiosité, acceptent très-volontiers. Mais
la fournée cuite, ils assaillent de brocards
leur outrecuidant camarade. Rien n'est bon.
Pourquoi se mêler de ce qu'il ne sait pas
faire ? Que prétend-il ?

Il prétend, braves travailleurs, vous doter
de l'émail. Il veut que ce plat de terre grossière, luxe de votre table, soit au moins
propre, et que, grâce au vernis qu'il y mettra,
vous ayez des vases d'argile qui rivaliseront
avec la vaisselle d'or ou d'argent des riches.
Sur votre modeste dressoir s'étaleront des

assiettes et des aiguières qu'un jour les millionnaires se disputeront.

Palissy qui ne voit pas que le feu des potiers n'est pas assez violent, ou qu'ils n'ont pas enfourné ses épreuves en temps convenable, achète de nouveaux vases, prépare de nouvelles drogues, adresse aux potiers de la Chapelle de nouvelles pièces. On cuit une seconde fois, puis une troisième, puis une quatrième. Les frais sont énormes ; la perte de temps est immense ; la confusion qui rejaillit sur lui de ses échecs répétés l'accable, et la tristesse, conséquence de tant de déboires, l'envahit.

Il cesse.

Il cesse, parce qu'il n'y a plus de pain à la maison, et qu'il en faut à des bouches affamées. La femme se plaint ; mère, elle pleure ; les enfants crient. Palissy reprend son métier d'arpenteur.

C'est alors que les Commissaires députés par le Roi pour ériger les gabelles au pays de Saintonge, arrivent à Saintes. On leur parla de l'habileté de Maître Bernard. Maître Bernard est envoyé sur la côte pour dresser le plan des marais salants.

La commission achevée, il revient chez lui avec un peu d'argent; il y retrouve la coupe émaillée, son désespoir et sa joie, cause de ses souffrances et but de ses efforts. Le voilà de nouveau à la recherche de l'émail.

Les expériences antérieures n'avaient point été perdues. Palissy soupçonna que les fours des potiers n'étaient point assez chauds. Il résolut d'en essayer d'autres.

Il existait alors, à une lieue et demie de Saintes, sur la route de Saint-Jean-d'Angély, une verrerie qui a donné son nom au village nommé aujourd'hui la Vieille-Verrerie. L'artisan, voyant qu'il n'avait pu réussir ni à ses propres fourneaux, ni à ceux des potiers, eut recours à ceux des verriers. Il rompt trois douzaines de pots. Trois cents tessons sont couverts de diverses substances à émail qu'il étend au moyen d'un pinceau.

Avez-vous essayé parfois de deviner le mot qui doit ouvrir un cadenas à secret? Avec quatre ou cinq lettres quel nombre prodigieux de combinaisons! C'est à ce jeu de patience que l'artisan semblait s'exercer. Plus de cent compositions différentes étaient étendues sur ses lopins d'argile. Il les porte lui-même à la verrerie et surveille la cuisson. Nuit d'angoisses, d'espoir et de craintes! Le lendemain, quand on tira ses épreuves du feu, il vit avec une joie indescriptible qu'une partie de ses drogues avaient fondu. Enfin une lueur paraissait dans ses longues ténèbres : c'était l'aube précédant le jour ; c'était le phare dans la nuit annonçant le port, la lumière de la lampe aimée qui révèle au voyageur longtemps absent la maison natale.

XXXII

Maître Bernard avait obtenu un résultat, faible, il est vrai, mais encourageant. Son rêve n'était donc plus une illusion ! Il poursuit ses essais avec une ardeur plus vive et un espoir plus assuré. Pendant deux ans, il ne fait qu'aller et venir de Saintes à la Verrerie, y transportant des vases, et en revenant chaque fois un peu moins content. Deux ans de travaux sans relâche ! Deux ans ajoutés à tant d'autres ! C'était plus qu'il n'en fallait pour éteindre la plus robuste foi en soi-même. Aussi, après deux nouvelles années, il s'arrête effrayé, découragé, n'en pouvant plus. Dieu semble pourtant le regarder d'un œil plus doux. Il va tenter un dernier coup, et puis renoncer à des tentatives dont l'inutilité lui sera désormais démontrée.

Il se rend à la Verrerie ; il a avec lui un homme chargé de plus de trois cents sortes d'épreuves. Au bout de quatre heures de fourneau, une des épreuves fond, blanche, polie, admirable. Quelle joie pour l'ouvrier! En voyant ce tesson sortir du four couvert du vernis cherché, il ne se sent pas d'allégresse. Il nous le dit lui-même : « Ie pensois estre deuenu nouvelle créature. »

Dès lors le voile impénétrable que la nature mettait devant lui était soulevé ; il avait entrevu le but de ses désirs. Il fallait maintenant régler d'après des principes fixes les procédés de la fabrication de l'émail, déterminer exactement les éléments qui devaient entrer dans une opération régulière. Jusque-là l'expérimentation avait été un peu conduite au hasard. L'épreuve tentée sur un têt n'avorterait-elle pas sur un vase? Ce débris de pot pouvait n'attester qu'une fusion fortuite. L'incident devait devenir règle. Palissy veut essayer sa trouvaille en grand. Mais pour des vases entiers et nombreux, il ne peut plus user des fours complaisants des potiers ou des verriers. Il se construira lui-même un fourneau.

Le voilà maçon, briquetier, gâcheur, goujat, que dis-je? bête de somme. Pas d'argent, pas de manœuvre. Il va quérir la brique sur son dos ; il tire lui-même son eau du puits ; il détrempe son mortier ; il maçonne tout seul. Le four achevé, et avec quelles fatigues pour un homme peu habitué à ces sortes d'ouvrages ! il a besoin de vases. S'il lui manque quelques livres pour payer un aide, il n'en a pas davantage pour acheter des pots. Il les fabriquera lui-même. Auparavant, il apprendra ce que c'est que l'argile et qu'un tour de potier. Ce qui lui fallut endurer de labeurs est vraiment effrayant.

Au bout de huit mois son four était prêt, ses pots étaient prêts; mais les matières à émail ne le sont pas. Au lieu de se reposer, il se remet au travail. Nuit et jour, pendant plus d'un mois, il est autour de son mortier; nuit et jour, il pile les substances qui lui avaient donné l'émail blanc au four des verriers ; nuit et jour, pendant un mois, il broie ; il espère, il doute, sans repos, sans sommeil. Enfin, il enfourne les vaisseaux et l'émail dont ils sont couverts ; le feu est mis au four par les deux gueules, comme il l'avait vu faire aux verriers. Le moment est solennel. Là, dans ce four, est tout son avenir : là est le fruit de neuf mois de fatigues surhumaines. Six jours et six nuits, seul, sans soutien, sans conseils, il se tient devant son fourneau, jetant du bois par les deux gueules. L'émail ne fondait pas. Désespéré, ahuri, il s'imagine qu'il n'a pas mis dans son émail assez de substances fusibles ; il écrase, il met en poudre de nouveaux ingrédients, courant de son four à son mortier ; l'émail ne fondait pas. Il n'y a plus à hésiter ; il prend le dernier écu, achète des pots, les enduit de l'émail qu'il vient de composer, et jette le tout au four. L'œil fixé sur la fournaise, il guette la fusion avec terreur. Encore quelques instants, la gloire est à lui, la richesse est à lui ; l'émail sera trouvé. Mais, horrible déception ! affreux supplice ! il s'aperçoit que le bois va lui manquer. C'était à rendre fou ! Eperdu de douleur et de désespoir, haletant, couvert de sueur, il jette à son four ce qui lui tombe sous la main. Au feu les étais de ses treilles ! au feu les arbres de son jardin ! au feu sa table, ses chaises, tous ses meubles ! au feu le plancher de sa chambre ! La ruine est complète ! Les voisins vont criant par la ville qu'il met le feu à sa maison, et qu'il est devenu insensé. Heureusement, l'émail a fondu : le secret est trouvé ; Palissy est sauvé ; l'artisan est devenu artiste ; le fou est passé génie.

XXXIII

Cet essai avait réussi, mais non pas complètement, assez pour l'engager à continuer ses expériences, pas assez pour fermer la bouche à ses détracteurs. L'émail doit être pour lui ce rocher que Sisyphe roulait toujours jusqu'au sommet de la montagne, et qui retombait aussitôt. Il fera une nouvelle fournée. Mais il est endetté de tous côtés; il a deux enfants aux nourrices; il ne peut leur payer le salaire convenu, et elles menacent de lui rendre ses enfants. On l'accable de récriminations ; on le charge de malédictions. « Il lui appartient bien de mourir de faim ! Pourquoi aussi laisser son métier utile ? » Il n'ose sortir de chez lui ; les bonnes femmes se signent en le voyant passer : il fabrique évidemment de la fausse monnaie. Sa femme résiste de toutes ses forces aux entreprises désespérées de son mari ; elle lui reproche l'indigence où il la laisse, la misère qui attend ses enfants. Mère, elle songe à l'existence de ses enfants avant de penser à la gloire problématique de leur père. En vain répète-t-il qu'il assure à tous un sort heureux ; qu'il est certain du succès. Elle n'en veut rien croire ; elle préfère un *tien à deux tu l'auras*. Qu'on l'en blâme; moi je n'en ai pas le courage. C'est là la lutte éternelle du réel contre l'idéal, des nécessités matérielles de l'existence contre les aspirations sublimes de l'art.

L'âme et le corps, hélas! ils iront deux à deux,
Tant que le monde ira, pas à pas, côte à côte,
Comme s'en vont les vers classiques et les bœufs,
L'un disant : « Tu fais mal ! » et l'autre: « C'est ta faute !»

Le repos était nécessaire. On s'étonne même que l'artisan n'ait pas succombé à tant de fatigues et à tant de douleurs. Mais ce n'était qu'une halte dans ce long voyage, une étape de sa pénible route. « Quand ie
» me fus reposé vn peu de temps (page 316)
» auec regrets de ce que nul n'auoit pitié de
» moy, ie dis à mon âme : « Qu'est-ce qui
» te triste, puisque tu as trouué ce que tu
» cherchois ? Trauaille à present et tu rendras

» honteux tes detracteurs. » Mais mon esprit
» disoit d'autre part : « Tu n'as rien de quoy
» poursuyure ton affaire ; comment pourras-
» tu nourrir ta famille et acheter les choses
» requises pour passer le temps de quatre ou
» cinq mois qu'il faut auparauant que tu
» puisses jouir de ton labeur. » Or ainsi que
» i'estois en telle tristesse et debat d'esprit,
» l'espérance me donna vn peu de courage.»

La persévérance ne manquait pas au sublime artisan. Il entreprend une fournée nouvelle. Cette fois, pour hâter le succès et gagner du temps, il prend un potier, et lui fait exécuter un nombre suffisant de vaisseaux, tandis que lui s'occupe de mouler quelques médailles qui recevront aussi l'émail. Mais sa table est si frugale, sa femme voit avec tant de déplaisir ses recherches infructueuses, qu'il n'ose faire partager à son ouvrier les privations de sa vie et les rebuffades de son épouse. Il le nourrit dans une taverne voisine, et encore à crédit.

Six mois se passèrent à façonner les vases. Au bout de ce temps, le tavernier qui ne recevait aucun à-compte refusa de nourrir le potier, qui ne recevait pas plus de salaire. Maître Bernard dut renvoyer son manœuvre. Mais il fallait rétribuer son travail. Probe jusqu'au scrupule, au fort de la plus extrême indigence, Palissy lui donna ses vêtements : ainsi l'ouvrier aura au moins un paiement.

Est-ce assez de misères ? Pas encore. Il faut un four; mais la chaux manque, le sable manque, les briques manquent. Qu'importe! Bernard ne s'embarrasse pas de si peu. Il défera l'ancien fourneau ; et des matériaux il en construira un nouveau. Mais il ne s'attend pas à un nouvel obstacle. Un feu d'enfer, chauffant pendant six jours et six nuits les parois du four, a liquéfié le mortier et les briques. Ce n'est plus du mortier; ce ne sont plus des briques ; c'est du verre. En démaçonnant, il se coupe les doigts, se meurtrit les mains, tellement qu'il peut à peine tenir une cuiller pour manger son potage.

Après avoir démoli, il devait reconstruire ; et il le fait, allant chercher lui-même l'eau, le mortier, la pierre. Pour abréger, il broie ses drogues à un moulin à bras. Deux hommes robustes pouvaient à peine le virer. L'énergie, l'ardeur doublera ses forces ; il fera des choses qu'il croyait impossibles. La première cuisson a lieu sans encombre. La seconde, l'importante, sera bonne ; il le faut : car il a emprunté les matériaux qui ont construit son four, le bois qui l'a chauffé, le pain qui l'a nourri lui-même. La fournée lui a coûté

« six vingts escus, » quinze cents francs environ. Il comptait bien en retirer quatre cents livres, et apaiser par là ses dettes les plus criardes. Ses créanciers attendent avec mauvaise grâce. Par ses promesses chaleureuses, par sa conviction du succès prochain, il a pu ajourner leurs exigences. Mais toute patience a son terme, même celle d'un créancier. Ils sont là; ce jour est le dernier délai qu'obtiendra l'infortuné débiteur, le terme fatal, après lequel il y a la prison, la ruine et l'infamie.

On ouvre le four.

. . . .
. . . .

O comble de désespoir!...

L'émail a bien fondu; mais sous la violence du feu les cailloux dont le mortier était plein avaient volé en éclats. Plats et médailles étaient incrustés de débris de silex. Tout était gâté. Et cependant ces vases étaient si beaux, ces médailles avaient un tel éclat que plusieurs lui en voulaient acheter. Vendre une œuvre imparfaite! la vendre au rabais, à vil prix! Sa fierté s'indigne. Il sait que son dénûment est absolu; qu'il n'a plus moyen de subvenir aux besoins de sa famille : on lui offre huit francs; c'est quelque chose; c'est du pain au moins. Eh bien! il refuse. Ces ouvrages manqués l'eussent décrié ; son amour-propre d'artiste en eut souffert, et sa réputation, et son œuvre. Il brise vases et médailles. Sublime effort ! dignité du génie ! glorieuse et volontaire pauvreté !

XXXIV

C'est en ce moment que l'a représenté M. Hec. Vetter dans un tableau qui a été fort remarqué à l'Exposition de 1861, et qui fut acheté par la Loterie des artistes 25,000 francs, dit le prospectus. Palissy est devant son four, un peu dans la pénombre, et au second plan : double faute. Sa chemise n'a pas séché sur lui depuis plus d'un mois. Il est assis dans l'attitude de la consternation. Derrière lui, en pleine lumière, se tient un groupe curieux. D'abord le prévot ou le sénéchal, menton dans la main, incertain, méditant. Est-ce un malfaiteur qu'il a devant lui? un faux-monnayeur, comme on le lui a dit? Est-ce un inventeur qui demain sera glorieux? Est-ce un débiteur insolvable et fripon qu'il faut arrêter ? La justice n'est jamais pressée de décider : il délibère. Près de lui, un ouvrier, le sourire de la raillerie à la lèvre, se frappe du doigt le front, et dit en le regardant : « Le pauvre homme... il est réellement fou !... » Un autre, plus jeune, esprit enthousiaste, prend franchement son parti. Deux autres examinent un plat tiré de la fournaise, et discutent sur son mérite ; les commères jasent ; des enfants, dans l'insouciance de leur âge, jouent avec des têts, où l'on reconnaît des traces de couleuvres, de poissons et de coquillages. Pour lui, indifférent à tout ce qui se passe autour de lui, il médite, le regard penché vers le sol. Ce tableau, gravé par M. Thielley, porte par épigraphe ces paroles de Palissy : « Le bois » m'ayant failli, ie fus contraint de brusler » les estapes qui soustenoyent les tailles de » mon iardin, lesquelles estant bruslées, ie » fus contraint de brusler les tables et planchers » de ma maison... l'estois en vne » telle angoisse que je ne sçaurois dire... » encore pour me consoler on se moquoit » de moy et m'estimoit on estre fol. » Et aussi ces belles lignes de M. de Lamartine, extraites de son *Civilisateur* : « Palissy, c'est le patriarche de l'atelier, le poëte du travail des mains, la parabole faite homme pour ennoblir toute profession, qui a le labeur pour mérite, le progrès pour mobile, Dieu pour fin ! »

On ne pouvait choisir une meilleure situation et un plus heureux sujet. Le tableau est digne du grand artiste qu'il glorifie.

XXXV

A bout de forces, d'énergie, de patience, il se couche.

Mais à cette âme active le repos ne pouvait longtemps convenir. Après avoir demeuré quelque temps au lit, il considéra « qu'vn » homme qui seroit tombé en vn fossé, son » debuoir seroit de tascher de se releuer. » Il se relève donc et se remet à son métier de peintre-verrier depuis trop d'années négligé. Ses pinceaux, son premier gagne-pain, sont en ses mains ; il assemble, comme autrefois, les verres coloriés ; mais où est sa pensée ? Elle est à ses chers émaux.

Les désenchantements multipliés ne l'ont point guéri. Après avoir gagné quelque argent, il revient à son fourneau, à son mortier, à ses travaux de prédilection. Il se disait en soi-même que toutes ses pertes et hasards étaient passés; que rien ne le pouvait plus empêcher de faire d'excellentes pièces. Rien? en est-il bien sûr? La fournée suivante fut endommagée par les cendres que la violence de la flamme avait soulevées, et qui s'étaient mêlées désastreusement aux émaux. C'était une perte ajoutée à tant d'autres. Pour prévenir désormais ce malheur, il inventa des espèces de lanternes de terre, destinées à enfermer ses vaisseaux au four. C'est l'*encastage* actuel. Ces espèces de capsules cylindriques sont encore employées aujourd'hui sous le nom de *cazettes*, *casettes* ou *manchons*, et servent à préserver les poteries des accidents qui firent la douleur de Palissy.

Cependant l'œuvre marche, non sans obstacle. A peine a-t-il appris à se préserver d'un danger qu'il lui en survient un autre. Un jour, sa fournée est trop cuite; le lendemain, elle ne l'est pas assez. Aujourd'hui, ses vases sont brûlés par devant seulement; hier, ils l'étaient par derrière. Une fois, les émaux sont trop clairs; une autre fois, ils sont trop épais. Il faut surveiller attentivement le feu, rendre la cuisson régulière, connaître enfin le degré de température nécessaire. Il s'éclaire peu à peu; ses échecs l'instruisent.

Mais le grand obstacle est la composition des émaux divers et leur fusion à une même température. Jusqu'alors il n'a que l'émail blanc ; il s'agit de trouver les émaux de couleur. Il se fera chimiste ; mais pour se faire chimiste, il faut qu'il y ait une chimie ; la chimie n'existe pas ; il la créera, et puis l'apprendra. Problème ardu qui arrêterait tout autre inventeur ! Quelles combinaisons employer ? Et quand il a harmonisé toutes ses couleurs, quand il en a bien combiné tous les éléments, il en fait l'essai. Des pièces rustiques, c'est-à-dire des bassins, des jattes, des plats, où il a représenté en relief des animaux sauvages, des reptiles, des poissons peints de couleurs naturelles, sont mises au four. Nouveaux ennuis ! « Les ayant fait
» cuire, dit-il (page 319), mes esmaux se
» trouuoyent les vns beaux et bien fonduz,
» autres mal fonduz, autres estoient bruslez,
» à cause qu'ils estoient composez de diuer-
» ses matières qui estoient fusibles à diuers
» degrez ; le verd des lézards estoit bruslé
» premier que la couleur des serpents fut
» fonduë, aussi la couleur des serpens, es-
» creuices, tortues et cancres, estoit fondue
» au parauant que le blanc eut reçeu aucune
» beauté. Toutes ces fautes m'ont causé vn
» tel labeur et tristesse d'esprit, qu'aupara-

» uant que i'aye rendu mes esmaux fusibles
» à vn mesme degré de feu, i'ay cuidé entrer
» iusques à la porte du sepulchre : aussi en
» me trauaillant à tels affaires ie me suis
» trouué l'espace de plus de dix ans si fort
» escoulé en ma personne, qu'il n'y auoit
» aucune forme ni apparence de bosse aux
» bras ni aux iambes : ains estoyent mesdites
» iambes toutes d'vne venue : de sorte que
» les liens de quoi i'attachois mes bas de
» chausses estoyent, soudain que ie chemi-
» nois, sur les talons auec le residu de mes
» chausses. Ie m'allois souuent pourmener
» dans la prairie de Xaintes, en considerant
» mes miseres et ennuys : Et sur toutes
» choses de ce qu'en ma maison mesme, ie ne
» pouuois auoir nulle patience, n'y faire
» rien qui fut trouué bon. I'estois mocqué
» et mesprisé de tous. »

Quel navrant tableau ! Il *bastela* ainsi, selon son éloquente expression, l'espace de quinze ou seize ans. Mais chaque pas l'approchait du but. Comme tous les grands artistes, toujours mécontent du succès présent, il voulait *passer plus outre*, et arriver à la perfection. L'argent qu'il retirait de la vente de ses pièces l'aidait à poursuivre ses recherches. Quelle opiniâtreté et quelle misère ! Il travaille à la belle étoile, exposé à toutes les intempéries de l'air, à toutes les injures d'un climat pluvieux. Un jour, une ondée arrive, noie ses pots qui n'étaient pas encore séchés; le vent en brise une partie, la gelée achève les dégâts du vent et de la pluie.

« I'ay esté plusieurs années, dit-il (page
» 321), que n'ayant rien de quoy faire cou-
» urir mes fourneaux, i'estois toutes les nuits
» à la mercy des pluyes et vents, sans auoir
» aucun secours, aide ny consolation, sinon
» des chats huants qui chantoyent d'vn costé
» et les chiens qui hurloyent de l'autre;
» parfois il se leuoit des vents et tempestes
» qui souffloyent de telle sorte le dessus et
» le dessouz de mes fourneaux, que i'estois
» contraint quitter là tout auec perte de mon
» labeur; et me suis trouué plusieurs fois
» qu'ayant tout quitté, n'ayant rien de sec
» sur moy, à cause des pluyes qui estoyent
» tombées, ie m'en allois coucher à la minuit
» ou au point du iour, accoustré de telle
» sorte comme vn homme que l'on auroit
» trainé par tous les bourbiers de la ville;
» et en m'en allant ainsi retirer, i'allois
» bricollant sans chandelle, et tombant d'vn
» costé et d'autre, comme un homme qui
» seroit ypre de vin, rempli de grandes tris-
» tesses: d'autant qu'apres auoir longuement

» trauaillé ie voyois mon labeur perdu. Or
» en me retirant ainsi soüillé et trempé, ie
» trouuois en ma chambre vne seconde per-
» secution pire que la premiere, qui me fait à
» present esmerueiller que ie ne suis consumé
» de tristesse. »

Pour parer aux intempéries des saisons, il s'abrite d'abord sous des berceaux faits de lierre et de feuillage. Toit bien modeste! Bientôt celui-ci ne suffit pas. Force est de construire un hangar. Sa femme prétend qu'il n'a pas besoin d'outils. Des voisins un peu plus charitables lui prêtent quelques planches, un peu de tuiles, des lattes et des clous. Quand il aura quelques sous, il fera mieux. Mais comme l'espace est étroit pour une nouvelle construction, il est contraint d'abattre l'ancienne. Grand ébahissement!
» Chaussetiers, cordonniers, sergens et no-
« taires, vn tas de vieilles, tous ceux-cy sans
» auoir esgard que mon art ne se pouuoit
» exercer sans grand logis, disoyent que ie
» ne foisois que faire et défaire. » Et ils le blâmaient de ce qui aurait dû exciter leur compassion. Le malheureux! pour mettre ses vases à l'abri, il se privait de nourriture; et ce qu'il accordait à son art, il le prenait sur sa santé!

Au milieu de toutes ces tortures physiques

et morales, il était parfois obligé d'être gai.
Fallait-il montrer aux personnes qui venaient
le voir un visage découragé? Au contraire,
il voulait, en dépit des douleurs présentes,
leur faire entrevoir l'espérance qu'il avait
lui-même d'un avenir meilleur. « Ie faisois,
» dit-il, mes efforts de rire, combien que
» intérieurement ie fusse bien triste (page
» 320). »

Telle est en raccourci la narration que Palissy
nous a faite lui-même. Nulle part on ne trouvera plus d'obstination, plus de persévérance,
plus de confiance en soi; nulle part on ne
trouvera un morceau plus intéressant et plus
éloquent. Dans ces pages, c'est le cœur qui
parle. Chaque ligne est un soupir, un sanglot,
un déchirement.

XXXVI

Quand on voit tout ce que Maître Bernard a supporté pour obtenir l'émail qu'il cherchait, on se prend à se demander pourquoi M. Chevreul, dans le *Journal des savants*, 1849, et M. Brongniart, dans son *Traité des arts céramiques,* II ont reproché à Palissy de n'avoir pas révélé son secret. Dans son *Art de terre* (page 321), Palissy dit en propres termes : « Les esmaux de quoy ie fais ma » besongne, sont faits d'estaing, de plomb, » de fer, d'acier, d'antimoine, de saphre, de » cuiure, d'arene, de salicort, de cendre » grauelée, de litarge, de pierres de Pé- » rigord. » Gobet (page 32) ajoute en note : « Ce sont là à peu près les mêmes ingrédients qui entrent dans la composition des couleurs des émaux, et de la couverte des porcelaines et de la fayence. La pierre de Périgord ou Périgueux est une véritable manganèse noire, pesante et compacte ; elle est d'un grand usage dans les verreries. »

Ensuite, n'oublions pas que Palissy cherchait dans l'émail un moyen de vivre et d'entretenir sa famille. Ce serait un anachronisme que de lui supposer cet amour platonique de la science, si vanté et si rare même de nos jours, une passion désintéressée de l'art pour l'art, la recherche de l'idéal, mot prétentieux qui nous fait tant déclamer. Il veut être utile ; c'est un trait qu'il ne faut pas négliger dans ce caractère remarquable. Or s'il divulgue son secret, le fruit de tant de travaux est à peu près perdu pour lui. Ce secret est le seul héritage qu'il peut laisser à ses enfants. Doit-il les en frustrer ? « Un bon remède, dit-il à
» la page 306, contre la peste, ou autre ma-
» ladie pernicieuse ne doit estre celé. Les
» secrets de l'agriculture ne doiuent estre
» celez. Les hasards et dangers de la nauiga-
» tion ne doiuent estre celez. La parole de
» Dieu ne doit estre celé. Les sciences qui
» servent communément à toute la républi-
» que ne doyuent estre celées. » Mais il n'en est pas de même de son art.

Combien de charmantes inventions ont été

avilies pour être devenues communes ! Combien de choses précieuses qui n'ont de mérite que par la rareté ! Palissy aurait pu citer les diamants ; il cite le verre « deuenu à vn prix
» si vil que la plus part de ceux qui le font
» viuent plus mechaniquement que ne font
» les crocheteurs de Paris (page 307); » les émaux de Limoges vendus au rabais, parce que « ceux qui les inuenterent ne tinrent pas
» leur inuention secrete; » la sculpture arrivée à un tel mépris, grâce aux mouleurs, « que tout le pays de la Gascongue et autres
» lieux circonuoisins estoyent tous pleins de
» figures moulées, de terre cuite, lesquelles
» on portoit vendre par les foyres et marchez, et les donnoit on pour deux liards
« chascune ; » les gravures d'Albert Durer, « histoires de nostre Dame imprimées de gros
» traits, » tellement multipliées par la typographie « qu'on donnoit pour deux liars
» chacune des dites histoires combien que
» la pourtraiture fut d'vne belle inuention. »
Et selon lui, « il vaut mieux qu'vn homme
» ou vn petit nombre facent leur proufit de
» quelque art en viuant honnestement, que
» non pas si grand nombre d'hommes, lesquels s'endommageront si fort les vns les
» autres qu'ils n'auront pas moyen de viure,

» sinon en profanant les arts, laissants les
» choses a demy faites (page 309)... »

La théorie de Palissy ne peut être approuvée sans réserve. Il confond d'abord à tort l'original et la copie. La gravure, par exemple, a beau répandre et vulgariser un sujet : le tableau n'en aura pas moins son prix. Il est certain ensuite que de nos jours la photographie porte un grand coup à la gravure, que l'imprimerie a tué les miniatures, et la calligraphie des manuscrits. Mais ces pertes réelles ne sont-elles pas compensées ? Enfin Palissy semble n'avoir vu dans son art qu'un métier. Le premier ouvrier venu pouvait fabriquer l'émail et en couvrir une assiette ou quelque plat ; et c'est en cela qu'il a rendu un signalé service à l'humanité. Mais il faut un grand artiste pour modeler ces rustiques figulines qui ont fait la gloire du potier Saintais, et que les connaisseurs se disputent aujourd'hui à force d'or. Du reste à quoi servent aujourd'hui nos brevets d'invention, sinon à protéger l'inventeur contre les contrefaçons, et à lui assurer pendant quelques années au moins le fruit de ses labeurs, le bénéfice de sa découverte ? Même quand l'utilité générale y est intéressée, ne voit-on pas l'Etat intervenir, et acheter à beaux deniers comptants le secret, propriété de l'inventeur.

XXXVII

Palissy était hors de la misère. Ses argiles émaillées, qu'il appela *figulines*, nom dérivé du latin FIGULUS, *potier*, ou plutôt abréviation de l'adjectif FIGULINUS, FIGLINUS, *de terre, de potier*, étaient recherchées avec empressement. On vantait ses talents, on célébrait sa persévérance, on achetait ses statuettes, ses médaillons et ses vases. Un événement vint le tirer de l'oubli, et attirer sur lui l'attention des grands personnages.

La tentative de révolte, provoquée par l'impôt de la gabelle en 1542, avait été facilement comprimée en Saintonge. Mais le mécontentement subsistait, accru encore par la rigueur avec laquelle les percepteurs levaient les nouveaux droits. Des murmures on en vint aux menaces, des menaces à la rébellion. Le mouvement qui éclata à Jonzac, en 1548, gagna promptement la Saintonge du sud. Seize mille hommes se trouvèrent bientôt rassemblés aux cris de : *Mort aux gabelous !* Ils prirent pour chef un châtelain de Barbezieux, Puymoreau, qu'ils nommèrent le *coronal*, ou *colonel, de Saintonge*. La horde, ravageant et tuant sur son passage, arrive à Archiac, à Pons, de là à Saintes, où les insurgés de Marennnes, de la Tremblade et d'Arvert vinrent la rejoindre. La ville fut mise au pillage ; les faux-sauniers arrêtés furent mis en liberté, et ceux qui les avaient tenus en prison massacrés. Puymoreau, ayant échoué sous les murs de Taillebourg, se dirigea vers Cognac et livra la ville au pillage. De là, avec une armée grossie des bandes de l'Angoumois, du Périgord, de l'Agenais, du Bordelais, cinquante mille hommes au moins, le coronal prit route vers Bordeaux. La capitale de la Guienne fut pendant plusieurs jours victime du plus affreux carnage.

Henri II apprit ces désordres à Turin. Le vaillant connétable Anne de Montmorency fut envoyé pour réprimer la révolte. Les bandes dispersées, il sévit cruellement. D'atroces supplices à Bordeaux, dans l'Angoumois, la Saintonge et le Périgord châ-

Maitre Bernard des Tuileries..... Aux verrières les fables qui y sont le mieux représentées, c'est celle de Proserpine à l'une, et celle du banquet des dieux ; celle de Psyché, à l'autre ; le pavé d'icelles est aussi de l'invention du susdit Maître Bernard. » Gobet ajoute : « la Passion de notre Seigneur en seize tableaux réunis dans un seul cadre, d'un émail parfait, composé par Palissy d'après Albert Durer..... Les vitres de la Sacristie, de la Chapelle, des Galleries et de tout le Château avaient été peintes par Palissy. »

Des écrivains modernes ont mentionné encore : deux tableaux en faïence représentant des batailles ; quarante-cinq sujets tirés de la fable de Cupidon et de Psyché d'après les dessins de Raphaël ; le Connétable au milieu de ses enfants. Mais ces différents travaux, verrières et tableaux, datent de 1541 à 1544. A cette époque Palissy n'était qu'un ouvrier inconnu, et tâtonnait encore. Ce qu'on peut lui attribuer sans peur, c'est, dit M. Schœlcher, dans la *Revue de Paris*, 1834, « une salle toute pavée de carreaux aux armes du connétable que l'Empire — sans doute en 1807, à l'époque où Napoléon établit à Ecouen, sous la direction de Mme Campan, une maison d'éducation pour trois cents jeunes filles des membres de la Légion-d'Honneur, — a fait briser et bouleverser, pour planter au beau milieu un de ces énormes N dont il marquait impitoyablement tous les monuments de la France, comme un bourgeois marque ses couverts. »

Palissy nous apprend par son épître au maréchal de Montmorency, fils aîné de son protecteur, qu'il avait édifié à Ecouen, sur la demande du connétable, une grotte rustique de son invention. Cette grotte, bâtie avant 1563 dans une allée des jardins, ne laissait déjà plus traces au siècle dernier.

Non content de lui commander des travaux importants, le duc de Montmorency lui fit construire un atelier à Saintes ; et c'est sans doute à ses sollicitations que le maire lui céda une des tours de la ville pour l'agrandissement de son œuvre.

Tout souriait dès lors à l'artisan. Il avait de puissants protecteurs et des amis dévoués ; ses vases bien vendus le mettaient à l'abri du besoin ; sa prospérité fermait la bouche à ses détracteurs ; on l'admirait, lui qu'on avait honni. Il eut pu vivre heureux et paisible. Malheureusement cette activité d'esprit qu'il avait déployée dans ses recherches céramiques, il l'avait mise dans des questions plus scabreuses ; de là de graves embarras, des tièrent les auteurs et les complices du mouvement. Les chartes des communes furent lacérées ; les cloches qui avaient sonné le tocsin furent brisées. Bien des rigueurs inutiles exaspérèrent les esprits et peut-être leur doit-on la facilité avec laquelle bon nombre d'habitants embrassèrent la Réforme. Brantôme, dans sa *Vie d'Anne de Montmorency*, nous a raconté que le connétable, tout en égrenant son rosaire, faisait pendre celui-ci, passer celui-là par les piques ; d'où ce proverbe parmi les soldats : « Dieu nous garde des patenôtres de Monsieur le connétable ! »

XXXVIII

C'est ce terrible justicier qui fut le protecteur de Bernard Palissy. Pendant son séjour à Saintes, il vit les ébauches déjà étonnantes du potier. Montmorency faisait alors construire et décorer le magnifique château d'Ecouen, à dix-huit kilomètres de Paris. Il y employait tout ce que la France comptait d'artistes : Jean Bullant pour architecte, Jean Goujon pour sculpteur. Il commanda à Palissy des terres et des pavés émaillés.

On ne sait trop ce qui est du potier Saintongeais à Ecouen. Peiresc qui visita le château, en 1606, dit : « Les Galleries et le château renferment plusieurs marbres précieux, et de ces belles poteries inventées par nouvelles épreuves, des périls qui menacèrent ses jours, et où cent autres à sa place eussent laissé leur vie.

XXXIX

Vers ce temps là, les idées de Luther et de Calvin se répandaient peu à peu dans les provinces de l'Ouest. Ce n'était d'abord qu'une *réforme :* le mot est resté. La réforme, elle était désirée par tous et demandée hautement par l'Eglise elle-même. Des abus s'étaient introduits dans le clergé, qu'il fallait extirper; ils n'étaient pas la religion, mais ceux qui prêchaient la religion; et, par une association d'idées fréquente encore, on rendait le catholicisme responsable des fautes de ses ministres. Les prédicants nouveaux se gardaient bien d'attaquer le dogme; au contraire : ce qu'ils réclamaient, c'était le vrai christianisme, la pure morale évangélique. Ce qu'ils attaquaient, ce n'étaient ni les sacrements, ni Jésus-Christ, ni même l'autorité du Pape ; c'étaient les scandales qui sont de tous temps, et les vices propres à l'époque. Ce qu'ils voulaient abolir, c'était cette espèce de trafic des choses saintes qui livrait aux plus riches ou aux plus ambitieux les dignités ecclésiastiques. Les rois donnaient à leurs courtisans et à leurs bâtards des évêchés, autrefois à la disposition des chapitres ; à leurs poètes de cour, faiseurs de madrigaux et entremetteurs lettrés, les revenus de couvents où ils ne mettaient jamais les pieds, et à leurs maîtresses, d'opulentes abbayes où elles n'apportaient pas toujours l'édification claustrale. Rabelais était curé de Meudon ; Mellin de Saint-Gelais, évêque d'Angoulême ; Des Portes, abbé de Tyron ; Brantôme, prieur de Royan, et de Saint-Vivien à Saintes. J'en passe. Aussi pour beaucoup la Réforme, à ses débuts, était ce qu'elle s'annonçait, une réforme, une protestation énergique contre les abus ; et ceux-là auraient pu dire ce que Jeanne d'Albret, reine de Navarre, écrivait, le 18 août 1563, au cardinal d'Armagnac : « Ie n'ay point entreprins de planter nou- » velle religion en mon païs, sinon y restaurer » les ruines de l'ancienne. »

Combien n'ont vu dans le protestantisme qu'un retour à la vérité dont l'église catholique s'était écartée ! Combien ont cru sincérement mieux servir Dieu ! Combien ont été de bonne foi en abjurant la religion de leur enfance !

Dès 1517, année où Luther tonna contre les indulgences; dès 1512 même, époque où Jacques Lefèvre d'Etaples prêchait la justification par la foi seule, et 1535, date de la publication de l'*Institution Chrétienne* de Jean Calvin, la rupture avec la papauté était flagrante pour ceux qui voulaient examiner et réfléchir. Le nombre en fut-il grand ? Beaucoup ont vu cet abîme, et ne se sont pas arrêtés; beaucoup aussi l'ont ignoré et ont marché, croyant vraiment n'aller qu'à un catholicisme épuré.

Il y avait dans la doctrine nouvelle de quoi séduire bien des imaginations. Cette liberté d'examen, cette infaillibilité donnée à la raison, charmait les lettrés, et les charmeront encore longtemps. Les esprits cultivés embrassèrent avec avidité le luthéranisme. Il est si doux de ne relever que de soi et d'être à soi même son évangile et son credo!

A ces grandes causes, j'en joindrais d'autres; secondaires, il est vrai, elles ont pourtant leur importance dans ce mouvement intellectuel et dans les luttes sanglantes dont il fut l'occasion.

On ne sait pas assez quelle large part
les questions d'influence, les haines et les
rivalités particulières ont prise dans ces
guerres prétendues religieuses. Religieuses,
elles l'étaient sans doute pour la foule, pour
les gens simples, qui croyaient sincèrement
à une rénovation générale. En leur parlant
contre le luxe, en prêchant l'austérité, ne
flattait-on pas le secret sentiment d'égalité
qui fermente toujours dans les masses, bien
aises de voir descendre à leur niveau ce
qu'elles ne peuvent pas égaler ?

La bourgeoisie, déjà émancipée dans les
communes, avait des aspirations plus hautes.
Le protestantisme chatouillait agréablement
ses instincts d'indépendance. On a voulu voir
dans La Rochelle le boulevard du calvinisme,
et dans sa longue défaite un suprême et
malheureux effort pour la liberté de conscience. Cette lutte était si peu religieuse que
Richelieu, vainqueur, entrant par la brèche
dans une ville dépeuplée, maître, et maître
souverain, ôta... quoi? aux quatre mille Rochelais, reste de vingt-huit mille. Leurs temples,
leurs pasteurs, leur droit de réunion ? Non
pas; ce que pourtant, d'après les idées d'alors,
il leur pouvait très-légitimement retirer ; mais
leurs franchises municipales. La résistance au
roi avait commencé le jour où l'épée de

Montmorency trancha, devant Charles IX, le cordon de soie que ses prédécesseurs n'avaient vu couper par le maire de la cité, qu'après avoir prêté le serment toujours tenu de respecter la charte de la Commune. Aussi un cardinal de l'Eglise romaine fit-il passer avant l'intérêt catholique l'intérêt de l'Etat; et les Rochelais eux-mêmes, en n'acceptant qu'avec des précautions minutieuses et souvent offensantes, les secours des Anglais leurs coréligionnaires, montrèrent que le maintien de leurs franchises municipales leur tenait plus au cœur que le succès définitif de leurs opinions religieuses.

Les seigneurs, eux, y voyaient l'agitation, le mouvement, la bataille. L'émancipation graduelle des serfs, l'établissement général des communes, l'appel fréquent que leurs justiciables faisaient de leurs sénéchaux aux gens du roi, avaient diminué notablement, presque anéanti leur influence. La guerre leur donnait la puissance que la force et l'épée ont toujours dans les temps agités. La faiblesse des princes de cette triste époque permettait beaucoup à qui osait. Aussi quand les bottes éperonnées et la cravache de Louis XIV eurent montré aux plus entêtés qu'il ne fallait plus badiner avec l'autorité royale, quand ils eurent clairement vu que le prêche déplaisait au maître, ces huguenots croyants, ces protestants dévoués jusqu'à prendre les armes pour défendre leur foi menacée, changèrent avec une facilité trop prompte pour être bien sincère. Être calviniste ne rapportait rien, et pouvait faire perdre beaucoup. On cessa d'être calviniste. Fut-on d'abord très-bon catholique? Je l'ignore. Mais par spéculation on revenait au catholicisme que l'on avait quitté par intérêt.

Les circonstances particulières jouèrent aussi un grand rôle dans ces conversions subites. Antoine, sire de Pons, en Saintonge, pour plaire à son épouse Anne de Parthenay, bel esprit bourré de grec, de latin et de théologie, se fait protestant. Veuf, il se remarie à Marie de Montchenu, et reprend son culte premier. On sait l'histoire d'Antoine de Bourbon et de Jeanne d'Albret. Ils s'aimaient tant que l'un embrassait aussitôt la religion que l'autre venait d'abjurer.

Les rivalités entre les grandes familles doivent aussi être prises en sérieuse considération. « La querelle des maisons de Guise et de Chastillon eut plus de part qu'on ne le croit généralement à la catastrophe du 24 août 1572, » dit M. Louis Paris, et aux guerres religieuses qui la précédèrent, puis-je ajouter. François de Lorraine, dit le grand duc de Guise, et Gaspard de Chastillon, dit l'amiral de Coligny, avaient été dès leur jeune âge unis par l'amitié la plus étroite, jusques à ne pouvoir vivre l'un sans l'autre, « portant les mêmes couleurs et s'habillant de la même façon. Cette ardeur avait commencé à se refroidir à l'occasion du mariage de Claude de Lorraine, père de François, avec la fille aînée de Diane de Poitiers, en 1547. Chastillon avait essayé de détourner le duc de Guise d'une alliance aussi peu glorieuse, » remontrances que François prit assez mal. Divers incidents achevèrent de changer en haine violente une intimité sincère. Toutes les familles de France prirent parti d'après leurs alliances ou leurs convenances particulières pour l'un ou pour l'autre. Il faut lire, dans le *Cabinet historique* à qui j'emprunte ces détails — livraisons de décembre 1856 et de février 1857, pages 202 et 48 — les documents inédits que cite M. Louis Paris à l'appui de sa thèse. Oui, et un éminent critique, M. Désiré Nisard l'a dit avec bien de la raison dans le *Moniteur universel* du 4 janvier 1864, oui, en ce siècle « la religion ne fut souvent que l'hypocrisie de la politique. »

On doit se poser une autre question. Pourquoi le protestantisme s'est-il établi ici plus tôt que là? A Noyon patrie de Calvin, il n'y a pas un seul calviniste. Les prédicants ne réussirent pas partout. Sans doute les magistrats, en appliquant avec rigueur les édits, furent en certains pays pour quelque chose dans leur insuccès. Mais est-ce tout? Un malaise général, une inquiétude même éphémère, prédispose admirablement la multitude à prêter l'oreille aux réformateurs. Vienne une année de disette, et les adversaires d'un gouvernement ont beau jeu.

La Réforme pénétra plus facilement dans certaines contrées, là où des circonstances particulières avaient préparé la voie. Les rigoureuses exécutions du connétable de Montmorency, en 1548, après la révolte des sauniers dans l'Aquitaine, cet impôt du sel qui écrasait tout à coup les populations du littoral océanien, accoutumées à un fardeau beaucoup moins lourd, ne furent certainement pas sans influence sur les dispositions que montrèrent l'Angoumois, la Saintonge, l'Aunis et le Poitou, à accueillir favorablement la doctrine nouvelle. Tandis que les grands feudataires du pays, là comme dans le reste de la France, trouvaient une excellente occasion de relever la tête devant la royauté qui se faisait de plus en plus puissante à leur détriment et de tenter un dernier combat pour la féodalité mourante, bien des petites gens, en proie aux exactions des gabeleurs et des traitants, forcés de payer la dîme, ne voyaient dans le protestantisme qu'une chose : qu'ils garderaient désormais dans leur escarcelle ce qu'ils donnaient à leurs curés.

Et cela est si vrai que l'Angoumois, malgré les prédications de Calvin lui-même, eurent un nombre bien moindre de huguenots que la Saintonge, et que les églises réformées se trouvèrent en majeure partie sur les côtes et dans les îles, où du reste, par suite de l'éloignement, la vigilance des pasteurs et des magistrats ne se pouvait exercer avec autant de facilité.

En 1841, il y avait quarante-quatre églises dont trente-huit sont situées dans le département de la Charente-Inférieure et six seulement dans celui de la Charente. Des trente-huit de la Saintonge et de l'Aunis, il y en a à peine dix qui soient dans l'intérieur des terres ; les vingt-huit autres sont toutes sur le littoral même ou à très-faible distance de la mer : Saint-Martin et La Fotte dans l'île de Ré; Saint-Pierre et le Château dans l'île d'Oleron ; La Rochelle, Marsilly, Nieul, Rochefort, le Port-des-Barques, Charente, Mortagne, Saint-Fort-sur-Gironde, Cozes, Saujon, Marennes, Meschers, l'Aiguille,

Saint-Georges-de-Didonne, Saint-Sulpice, la Tremblade, Arvert, Breuillet, Mornac Royan, etc. A Saintes, au contraire, où, pour une population qui ne devait guère être supérieure à quinze mille âmes, il y avait une trentaine d'églises, dont sept paroisses; où s'élevaient deux couvents, deux prieurés, une abbaye, la cathédrale avec quarante-deux chanoines, douze vicaires et le reste; où partant les vices auraient dû pulluler et frapper vivement les yeux du peuple, le calvinisme fit peu de prosélytes. On le voit : le protestantisme est ici, non une question de dogme ou de discipline, mais une question de géographie.

XL

Palissy fut une des âmes honnêtes que séduisit un prétexte de réforme. Homme de mœurs pures, il vit dans les premiers apôtres du calvinisme quelques chrétiens de la primitive Eglise. L'ardeur qu'ils montrèrent, la foi qui les animait, le nom de Dieu qu'ils invoquaient sans cesse, la régularité de vie de trois ou quatre néo-convertis, qui contrastaient avec les déportements d'un plus grand nombre de catholiques, inévitables dans une agglomération de dix à quinze mille âmes, et faut-il le dire? peut-être les persécutions qui les assaillirent, et qu'ils supportèrent avec l'orgueil et le courage des néophytes, frappèrent le modeste artisan et lui firent illusion.

En ce moment, rien encore n'indiquait une révolution radicale ; les apparences de l'orthodoxie étaient sauvées ; le schisme était discrètement voilé ; l'hérésie habilement dissimulée. Aussi dans le récit que Maître Bernard nous a laissé des commencements de la Réformation à Saintes, que voyons-nous ? Des moines apostats qui tonnent contre les abus (page 100); des prêtres qui résistent parce qu'ils possèdent « quelque morceau de benefice (page 100) qui aidoit à faire bouillir le pot; » de braves gens qui eurent « les yeux ouuers et congneurent beaucoup d'abus qu'ils auoyent auparauant ignorez (pages 100); » des prédicateurs qui découvrent « les abus assez maigrement ; » un chanoine de Saintes, nommé Navière, théologien, qui a « commencé à descouurir les abus » (page 101); mais qui se rétracte parce qu'il a peur d'être privé de sa prébende; » le peuple deceu en ses biens (page 103); » un procureur, greffier-criminel, qui ne faisait les prières et n'allait à la messe « que pour auoir (page 111) les gerbes et fruits des laboureurs; » des paysans qui refusent la dîme (page 110).

Je défie qu'on trouve dans les pages de Palissy un seul mot montrant que d'abord il avait vu, dans un changement de religion, une rupture avec l'Eglise catholique. Ce n'est

que peu de temps avant 1557, que quelques-
uns (page 104) « tacitement, et auec crainte
detractoyent de la Papauté. » Auparavant
« l'Eglise reformée... (page 103) n'auoit
aucune apparence d'église. » Mais alors il y
avait dix ans au moins que Palissy était
huguenot.

XLI

Jean Calvin, né à Noyon, le 10 juillet 1509, un an avant Palissy, après avoir étudié la jurisprudence à Orléans, sous Pierre de l'Estoille, le grec à Bourges sous Théodore de Bèze, vint, fuyant Paris où ses idées luthériennes avait failli le faire arrêter, se réfugier, sous le nom de Charles d'Espeville, à Angoulême, au commencement de 1535. La *Rue de Genève* doit, dit-on, son nom au séjour qu'il fit dans cette partie de la ville. Il se lia avec un chanoine de la cathédrale et curé de Claix, Louis du Tillet, d'une famille riche et distinguée. Ce Louis du Tillet, en effet, était fils d'Elie du Tillet, président des Comptes en Angoumois, anobli en 1484, frère de Séraphin du Tillet, chevalier, valet de chambre de François Ier, de Jean du Tillet, greffier en chef du Parlement de Paris, protonotaire et secrétaire du roi, et enfin de Jean IIe du nom, évêque de Saint-Brieuc, puis de Meaux.

Louis du Tillet donna l'hospitalité à Calvin ; il en reçut des leçons de grec, et aussi les premières notions d'hérésie. On composait ensemble de courtes exhortations que le curé de Claix débitait tout doucement aux prônes de sa paroisse, et qui accoutumaient sans bruit le troupeau à prendre les erreurs de son pasteur.

Disons cependant que Louis du Tillet étant plus tard sorti du royaume avec son maître, l'évêque de Meaux, son frère, courut à sa poursuite jusqu'en Allemagne, dit M. Marvaud, l'amena par ses exhortations à rompre avec les novateurs et à rentrer dans la religion de ses pères. M. Crottet, lui, affirme (page 119), *Chronique protestante*, que l'évêque de Meaux, d'abord calviniste comme son frère, ne se convertit qu'après 1550. Louis du Tillet abjura l'erreur en 1539 ou 1540, et devint archidiacre d'Angoulême.

Pendant son séjour à Angoulême, Calvin fit plusieurs voyages. Peut-être vint-il en Saintonge. Plusieurs traditions locales le font prêcher à La Rochelle et à Saint-Jean-d'Angély. On montre encore près de l'église de Saint-Saturnin, canton de Hiersac, une partie d'assez vastes bâtiments qu'on appelle la *Chambre de Calvin*, parce que Calvin l'aurait habitée, et y aurait écrit quelques commentaires.— Marvaud, *Géographie de la Charente*, 1853. — Dans la commune des Trois-Palis, même canton, se trouvent les *Grottes de Calvin*, où il se serait caché pendant quelque temps. Près de Poitiers, M. Crottet signale en outre les *Grottes de Saint-Benoît et des Croutelles*, dont une, nommée *Grotte de Calvin*, servait de lieu de réunion aux fidèles du nouveau symbole, et fut témoin de la première cène calviniste.

C'est de Poitiers, où Calvin, en quittant Angoulême, s'était rendu chez Rénier, lieutenant-général de la sénéchaussée, rue des Basses-Treilles, que, sur l'ordre de l'apôtre, partirent les missionnaires de la foi nouvelle : Jean Vernou pour les campagnes du Poitou, Albert Babinot, docteur en droit, pour Toulouse, et Philippe Véron, procureur, sous le sobriquet de *Ramasseur*, pour l'Aunis, la Saintonge et l'Angoumois. Babinot, ayant échoué à Toulouse, vint s'unir au Ramasseur.

Cela se passait vers 1538.

Le sieur de Sainte-Hermine qui habitait le château du Fâ, près de l'antique abbaye de Bassac, non loin du lieu où se livra la bataille de Jarnac, entra bien dans la secte, et aussi François de Pons, de Mirambeau, près de Jonzac. Les progrès du protestantisme cependant étaient lents.

XLII

Palissy un des premiers embrassa la Réforme à Saintes. Ce fut en 1546 qu'il y connut Philibert Hamelin, né à Chinon, en Touraine : « Il s'estoit despreté, nous dit la *Recepte véritable* (page 104), et fait imprimeur..... et s'en alloit ainsi par le pays de France, ayant quelques seruiteurs qui vendoyent des Bibles et autres livres imprimés en son imprimerie. »

Florimond de Rémond—livre VII, page 874 de l'*Histoire de la naissance, progrès et décadence de l'hérésie*,—cité par M. Crottet, *Chronique protestante* (page 136), nous raconte comment se colportaient ces écrits.

« Plusieurs compagnons des Imprimeurs de la France et de l'Allemagne, au bruit du profit qu'on leur présentoit y accouroient, lesquels après s'écartoient partout pour débiter ces Bibles, Catéchismes, Boucliers, Marmites, Anatomies et autres tels livres. Surtout les petits Psalmes, quand ils furent rimez, dorez, lavez et reglez. Leur seule joliveté convioit les dames à la lecture ; et comme les avares marchands au seul flairer du gain, ne craignent de scillonner les mers et prendre le hasard de mille et mille fortunes et tempestes, en cette mesme sorte des compagnons d'imprimerie, à l'appetit du gain, qui leur avoit donné le premier goust, et pour avoir plus facile accez ès villes et sur les champs, dans les maisons de la noblesse, aucun d'entr'eux se faisoient colporteurs de petits affiquets pour les dames, cachans au fond de leurs bales ces petits livres dont ils faisoient présent aux filles, mais c'estoit à la derrobée, comme d'une chose qu'ils tenoient bien rare, pour en donner le goust meilleur. »

Hamelin trouva dans Maître Bernard un adepte tout disposé à l'écouter.

Depuis quelques années déjà, le protestantisme était établi à Pons, petite ville à vingt-deux kilomètres de Saintes. Il y avait été introduit par Antoine de Pons, comte de Marennes. Le sire de Pons, né la même année que Palissy, avait, en 1533, épousé à Ferrare, chez l'épouse du duc Hercule II d'Este, Renée de France, dont il fut le chevalier d'honneur, Anne de Parthenay-l'Archevêque, fille de la douairière de Soubise, Michelle de Saubonne, première dame d'honneur de la duchesse. La fille de Louis XII donna, dans son palais de Ferrare où elle avait déjà accueilli Clément Marot, asile en 1535 à Calvin et à son compagnon de voyage, Louis du Tillet. Pendant quelques mois de séjour, le réformateur acheva de gagner à sa cause l'âme de la princesse, et par des prédications secrètes, il fit embrasser sa doctrine à Mme de Soubise, gouvernante de Renée; à Anne de Parthenay, sa fille, l'un des ornement de la cour de Ferrare; à son fils, Jean de Parthenay, seigneur de Soubise, et à son gendre, Antoine de Pons, qu'avaient déjà complétement séduit du reste le savoir et la beauté de sa jeune femme.

En 1538, Hercule d'Este, qui se voyait refuser par le pape Paul III l'investiture de son duché de Ferrare, concédé à la maison d'Este par Alexndre VI, pria Mme de Soubise, dont le vif attachement au protestantisme était une cause des refus du souverain pontife, de se retirer, afin d'ôter tout prétexte. Michelle de Saubonne dut obéir et quitter Ferrare. Elle y était, raconte François Viète, le grand mathématicien, « autant aimée et honorée que jamais dame française qui y fust, mesme du duc Alphonse, qu'on tenoit pour le plus grand personnage d'Italie; lequel disoit n'avoir jamais parlé à une si sage et habile femme, et ne venoit de foi à la chambre de madame de Ferrare, qui estoit tous les jours, qu'il ne l'entretinst deux et trois heures, disant qu'il ne parloit jamais à elle qu'il n'y apprist quelque chose. »

La fille dut suivre la mère et le mari son épouse. La séparation fut douloureuse. C'est ce que font connaître ces lignes des *Mémoires de la vie de Jean l'Archevesque, sieur de Soubize,* par François Viète, extraites d'un manuscrit de M. Fillon. « Ces pratiques hayneuses des méchants conseillers du duc, sous couleur de rayson d'Estat, n'empeschèrent pas madame la Duchesse de ne se pouvoir rézoudre au despartement de la dame de Soubize et de sa fille, madame de Pons, qu'elle n'envoya en France que les esquipages combles de présents et le cœur plein d'elle. Lui semblait-il encore, pauvre délaissée, la sienne patrie,partir avec? »

De retour en Saintonge, le comte et la comtesse de Marennes s'empressèrent de prêcher le calvinisme aux vassaux de leurs deux cent cinquante fiefs ; ils firent quelques prosélytes dans les cinquante-deux paroisses composant leurs domaines. Deux ou trois de leurs officiers et plusieurs habitants se laissèrent gagner. Palissy fut-il du nombre? Il y a tout lieu de croire que des premiers il prêta à ces leçons une oreille docile. La famille de Pons lui témoigna un intérêt constant, et une sympathie qui ne s'adressait pas seulement à l'artiste. Est-ce un artiste qu'on prie de régler des différends entre un seigneur et ses vassaux ? et si cela arrive par hasard, lui adjoint-on un ministre protestant ? Non certes. Et pourtant, c'est ce que nous montre une lettre, que le 22 décembre 1555, adressait Jean d'Aubeterre à sa sœur Antoinette, mariée au sieur de Soubise. On voit dans cette missive Bernard chargé, avec Philibert Hamelin, d'accorder le sieur de Soubise et ses vassaux. Evidemment le sectaire est là plus que l'homme de génie.

Faut-il croire que la découverte de l'émail attira sur l'inventeur l'attention bienveillante du sire de Pons ? Non, car il paraît, d'après M. B. Fillon, que Mme de Pons, décédée à Paris en 1549, cinq jours avant sa mère, Michelle de Saubonne, en mourant recommanda Maître Bernard à sa famille et à ses coréligionnaires. A ce moment les essais du potier n'étaient point terminés. Et ce n'est pas au lit de mort qu'on s'intéresse aussi vivement à un indifférent, ou à un étranger qu'on connaît de la veille. Il y avait donc, en 1549, plusieurs années que Bernard était l'ami des hôtes du château de Pons, et il faut reculer cette liaison au-delà de 1546, date où Hamelin vint en Saintonge.

Antoine de Pons, après la mort d'Anne de Parthenay, fut moins fervent calviniste, et devint même bientôt bon catholique, lorsqu'en 1556, il épousa Marie de Montchenu, dame de Massy et de Guercheville. Ce n'est pas en ce moment qu'il pouvait avoir en grande faveur les Huguenots, encore moins en 1562, après qu'ils eurent, sous les ordres du comte de La Rochefoucauld, pris sa ville d'assaut, le 2 octobre, et qu'ils l'eurent forcé lui-même à se rendre. S'il conserva de la bienveillance pour Palissy et le protégea contre les juges de Saintes, comme nous l'allons voir, ce ne put être qu'en souvenir de vieilles relations, que des dissentiments récents, adoucis du reste par la gloire naissante de l'artiste, ne pouvaient complètement faire oublier.

La communauté de foi fut le lien qui unit d'abord Antoine de Pons et Bernard Palissy. Si le Biron, patrie prétendue du géomètre-arpenteur, au lieu d'être situé en Agenais, comme on le veut, se trouvait être le Biron des domaines du sire de Pons, l'explication serait toute naturelle : rapports de vassal à suzerain. Malheureusement, ce n'est là qu'une simple conjecture. Il faut s'en tenir au motif religieux, et croire que, si la coupe émaillée qui décida la vocation du peintre-verrier, ne fut pas, ainsi que le pense avec quelque apparence de raison le savant auteur de l'*Art de terre chez les Poitevins*, apportée en Saintonge dans les fourgons de voyage remplis par la munificence de Renée de France, le calvinisme de Palissy s'y trouva très-probablement.

XLIII

Philibert Hamelin, qui avait été gagné en Touraine ou en Poitou par quelque disciple de Calvin, était venu en Saintonge, dès l'année 1546. Avec trois prêtres ou religieux qui avaient, comme lui, jeté le froc aux orties, il avait parcouru le littoral. Tous ils feignaient un métier ou « regentoyent en quelque village (page 100), et par ce que les Isles d'Olleron, de Marepnes et d'Alleverl, sont loin des chemins publics, il se retira en ces isles là quelque nombre desdits moines, ayant trouué moyen de vivre sans estre cogneus ; et ainsi qu'ils frequentoyent les personnes, ils se hasardoyent de parler couuertement, iusques à ce qu'ils fussent bien asseurez qu'on n'en diroit rien. »

On les écoutait souvent. Mais tout n'était pas rose dans ce métier-là ; parfois, les braves gens qu'ils voulaient endoctriner se courrouçaient en comprenant où ils en voulaient venir ; la fuite seule les sauvait de coups peut-être, qui les eussent transformés en martyrs. Cependant, favorisés secrètement par un grand vicaire, il obtinrent de prêcher dans les églises. Mais l'émoi que leurs propositions jeta dans ces populations fut si grand que le bruit en arriva à Saintes.

L'évêque de Saintes était alors (1544-1550) Charles, cardinal de Bourbon, frère d'Antoine, roi de Navarre, qui fut, en 1589, élu roi par la Ligue sous le nom de Charles X, au mépris de la loi salique et au détriment de son neveu, Henri IV. Il se trouvait alors à la cour. Le procureur fiscal de Saintes, Collardeau, lui écrivit que tout était plein de luthériens dans son diocèse. Il alla lui-même le trouver, et obtint, de lui une commission, du parlement de Bordeaux une bonne somme de deniers, pour rechercher les fauteurs d'hérésie. On arrêta à Saint-Denis en l'île d'Oleron frère Robin, moine défroqué ; à Arvert, sur la côte, un autre appelé Nicole ; et à Gemozac, joli bourg à cinq lieues de Saintes, un troisième dont le nom est resté ignoré. Philibert Hamelin fut aussi saisi. Ils furent tous quatre amenés à Saintes.

Hamelin, plein de repentir, reconnut sa faute et fut relâché.

Pour Robin, il fut enfermé avec ses deux compagnons dans une dépendance de l'évêché. Une nuit, il lime ses fers, perce un mur, ferme avec du pain la bouche aux chiens de garde, renverse, sans éveiller les soupçons du portier, un grand tas de barriques, trouve ouverte la porte du jardin, — Prison bien surveillée!... — arrive sur le mur en grimpant le long d'un poirier, et saute sur un pilot de fumier. Il est libre. Un scrupule le prend; il retourne auprès de ses codétenus. Les maladroits n'ont pu encore limer leurs fers! il les exhorte donc à se hâter un peu, les engage « à prendre patiemment la mort; » et, leur souhaitant bonne chance, s'échappe par la porte, par le poirier et par le fumier. Ne connaissant pas la ville, il court deci, delà. Nul moyen de sortir : les portes sont fermées; il est minuit; mais on est au mois d'août; et les nuits sont belles. Le voilà cherchant où se retirer. Il se souvient que, malade d'une pleurésie en prison, on lui a donné un médecin et un apothicaire pour le guérir. Il a retenu leurs noms; de porte en porte, il va s'enquérant de leurs demeures ; il *tabourne* à des maisons qui ne lui sont rien moins qu'hospitalières, entre autres à celle d'un conseiller qui, le lendemain, s'il avait pu le happer, lui eut fait passer un vilain quart d'heure.

Tous les habitants n'étaient pas conseillers ; il trouva quelque âme charitable qui le reçut, et dès l'ouverture des portes, le fit esquiver dans la campagne. Sellière, le grand vicaire, chargé probablement du soin des prisonniers, promit bien, le lendemain, cinquante écus à qui lui ramènerait frère Robin. Frère Robin ne revint pas cette fois savoir des nouvelles de ses camarades.

Les malheureux, qu'il avait si peu généreusement abandonnés, condamnés par le parlement de Bordeaux, « furent bruslez, l'vn en ceste ville de Xaintes (page 103), et l'autre à Libourne, à cause que le parlement de Bourdeaux s'en estoit là fuy, pour raison de la peste, qui estoit lors en la ville de Bourdeaux. »

Ces faits se passaient au mois d'août 1546.

XLIV

La capitale et la Saintonge furent tranquilles pendant une dizaine d'années. Palissy ne nous a narré aucun évènement jusqu'en 1557. A cette époque, on voit reparaître sur la scène religieuse Philibert Hamelin. Il avait quitté le catholicisme pour le calvinisme, puis le calvinisme pour le catholicisme; il quitta une seconde fois le catholicisme pour le calvinisme. A Genève, où il était allé puiser la pure doctrine évangélique, il avait fortifié sa foi chancelante. Calvin, le 12 octobre 1553, le renvoyait prêcher en Saintonge, et le recommandait comme un « homme craignant Dieu, qui a conversé, disait-il, avec nous sainctement et sans reproche. » Il arriva à Arvert en septembre 1555, et se mit à parcourir le pays.

Au bout de deux ans de prédications à Saintes et avec l'aide de Palissy, il avait « au plus sept ou huit auditeurs. » Résultat peu encourageant ! Aussi un jour, à Arvert, son zèle l'emporte ; un esclandre aura peut-être plus d'effet qu'un sermon en catimini ; il fait sonner la cloche, monte en chaire, s'élève contre l'Eglise romaine, et baptise un enfant. Les magistrats, qui avaient peut-être dissimulé jusque-là, sont, devant cet éclat de fougue, contraints d'intervenir ; ils l'arrêtèrent à une lieue de Gemozac, dans le château du seigneur de Périssac, où il avait essayé d'échapper aux poursuites. On l'amena à Saintes.

Palissy, avec un dévoûment digne d'éloges, et malgré le péril où il s'exposait, implore pour son ami six des principaux juges et magistrats ; il va les trouver en leurs maisons, leur affirme que Philibert Hamelin est un excellent homme ; il y a onze ans qu'il le connaît, et il l'a toujours vu mener une vie irréprochable. Les juges écoutent ses prières avec bienveillance ; et sur sa recommandation le prisonnier fut l'objet des plus grands égards pendant tout le temps qu'il demeura à Saintes. Ils poussèrent la tolérance jusqu'à désirer qu'on ouvrît au captif les verrous de sa cage, pourvu qu'ils n'en sussent rien. Volontiers ils n'auraient rien vu. Tout était disposé pour une évasion. Un avocat avait acheté le geôlier trois cents livres. On ne pouvait faire plus. Hamelin refusa de fuir. Les juges, hésitant entre leur compassion pour l'obstiné et les devoirs de leur charge, car les édits étaient formels, s'avisèrent qu'il était prêtre, et qu'en pareil cas, c'était à un tribunal supérieur que ressortissait la cause. Ils l'envoyèrent à Bordeaux.

Le parlement montra moins de douceur à son égard. Ayant un jour renversé les objets destinés à la messe qu'on voulait célébrer dans sa prison pour essayer de le ramener une autre fois au culte catholique, Hamelin fut condamné à mort; le 18 avril 1557, il périt, par la corde, dit Palissy, par le feu, dit M. A. Crottet. Sans doute il fut étranglé et son cadavre ensuite brûlé.

XLV

Le parlement déployait une grande sévérité contre les hérétiques. En effet, le moment était passé ou l'on pouvait croire à des controverses spéculatives et à de platoniques invectives contre le luxe ou les désordres du clergé. Sur tous les points de la France les novateurs ne se contentaient pas d'être hérétiques ; ils devenaient séditieux. Qu'on ne prétende pas que les lois du royaume par leur rigueur leur mettaient les armes à la main, ou qu'ils étaient forcés de se soulever pour pouvoir prier Dieu en français et à leur aise. Mon intention n'est pas de discuter ; et je suis le précepte latin : *Scribitur ad narrandum* ; je raconte. Mais je ne puis m'empêcher de remarquer que les chrétiens des premiers siècles, torturés avec tous les raffinements de la barbarie la plus civilisée, livrés aux bêtes dans le cirque, servant de torches dans les jardins impériaux, et voyant leurs sœurs ou leurs filles jetées aux lupanars, jamais ne laissèrent échapper une malédiction, un cri, une plainte, un murmure contre leurs bourreaux. On put les tuer par milliers ; on ne put les forcer à se révolter.

XLVI

A l'époque où Hamelin périssait à Bordeaux, les calvinistes de l'île d'Oleron, qui, en 1548, avaient déjà pillé et saccagé les églises, particulièrement celle de la Péroche, se soulevèrent, le 14 novembre 1557.

A Saint-Pierre, ils prirent la grosse cloche, l'envoyèrent vendre à La Rochelle, et de l'argent achetèrent quatre pièces d'artillerie pesant ensemble treize à quatorze cents, ainsi que le constate un acte signé par Arthus Mage, seigneur des Châteliers, Arthus Mage, seigneur de Montauzier, et Griffon, notaire. Bientôt, appelant à leur secours leurs coréligionnaires de Marennes et d'Arvert, sans provocation aucune, ils massacrèrent le prieur de Saint-Trojan à l'autel, les religieux de l'aumônerie de Saint-James, ceux de Saint-Nicolas, ceux de Notre-Dame et les Cordeliers du Château.

Les catholiques, ainsi que l'a raconté dans son *Abrégé historique de l'établissement du calvinisme en l'isle d'Oleron*, La Rochelle 1650, Marc-Antoine le Breton, baron de Bonnemie, colonel général des milices de l'île, les catholiques, effrayés de ces meurtres, las de souffrir chaque jour de nouvelles avanies, se réfugièrent avec treize prêtres dans l'église de Saint-André, à Dolus. Assiégés bientôt par des forces supérieures, ils consentirent à se rendre, sous la promesse qu'ils ne leur serait fait aucun mal. Une fois hors du lieu saint, ils furent tous, sans distinction d'âge, ni de sexe, massacrés, à l'exception de Pierre Collé, marchand de Dolus, Jean Senna de la Gasconnière.—Voir de Thou, *Histoire universelle*, IV, page 262 —Encore ces deux catholiques ne durent-ils leur salut qu'à l'intervention de quelques-uns de leurs parents qui se trouvaient parmi les révoltés.

Ces excès ne furent pas les derniers, dont l'île et le continent eurent à gémir. Théodore de Bèze — *Histoire des Eglises réformées*,— raconte qu'en 1559, de La Fontaine, ministre de Marennes, Léopard, ministre de La

Rochelle, Michel Mulot, pasteur de Soubise, et Alexandre Guiotin, de Genève, vinrent successivement prêcher le dogme nouveau dans Oleron. En 1561, un moine apostat, nommé Boisseau, vint organiser un consistoire au bourg de Saint-Pierre. La maison fut appelée le *Paradis* : il s'y était marié avec une fille de Marennes, Marie Renaudin. — Massiou, IV, page 57. — Deux partis ainsi en face, animé par la passion religieuse, étaient sans cesse aux prises. Les Calvinistes, plus nombreux, opprimèrent leurs ennemis. Tristes épisodes dont, heureusement, je n'ai pas à faire le récit!...

XLVII

L'évêque de Saintes faisait tous ses efforts pour arrêter les ravages de l'hérésie. C'était en ce temps Tristan de Bizet, né en Champagne (1499) et de moine à Clairvaux devenu aumônier de Henri II. Il avait en 1550 succédé au cardinal de Vendôme, Charles de Bourbon, nommé archevêque de Rouen. Il parcourait son diocèse, exhortant, rassurant par sa présence les âmes fermes, raffermissant les chancelantes, et arrêtant la hardiesse des Huguenots.

Efforts impuissants!

Au siège même de son évêché, Palissy rassemblait dans sa maison quelques dévots, et, en l'absence de tout ministre, prêchait, et leur lisait la Bible. C'est ce qui l'a fait mettre par Agrippa d'Aubigné au nombre des ministres de l'Eglise réformée à Saintes. « Cette réputation, dit Gobet (page XXI), lui causa beaucoup de chagrin. On croit effectivement entendre un quaker vertueux qui va monter en chaire, lorsqu'il laisse entrevoir ses sentiments religieux. »

Palissy lui-même donna lieu à cette erreur. Voici ce qu'il raconte (page 106) : « Il
» y eust en ceste uille vn certain artisan
» pauure et indigent à merueilles, lequel
» auoit vn si grand desir de l'auancement
» de l'Euangile, qu'il le demonstra quelque
» iour à vn autre artisan aussi pauure que
» luy, et d'aussi peu de sauoir, car tous deux
» n'en sauoyent guere : toutesfois le premier
» remonstra à l'autre, que s'il vouloit s'em-
» ployer à faire quelque forme d'exhortation,
» ce seroit la cause d'vn grand fruit : et
» combien que le second se sentoit totale-
» ment desnué de sauoir, cela luy donna
» courage : et quelques iours apres, il as-
» sembla vn Dimanche au matin neuf ou dix
» personnes, et parce qu'il estoit mal instruit
» és lettres, il auoit tiré quelques passages du
» vieux et nouueau Testament, les ayans mis
» par escrit. Et quand ils furent assemblez,
» il leur lisoit des passages ou authoritez. »

Il est probable que le narrateur se désigne

lui-même par ces mots : un artisan pauvre, indigent à merveille, qui avait un grand désir de l'avancement de l'Evangile. Et, comme l'a remarqué Gobet, il a conservé dans ses ouvrages quelque chose de cette manie de citations bibliques, caractère général du reste des écrivains huguenots du temps. Les psaumes faisaient le plus clair de leur nouveau savoir religieux.

Un pasteur, André de Mazière, de Bordeaux, qui se faisait appeler Pierre de La Place, vint relever Palissy de ses fonctions intérimaires de ministre *in partibus*; mais « censeur sauvage, zélateur outré, plein de ses idées, et brûlant du feu qui domine dans sa patrie, la Place était enthousiaste, » dit le P. Arcère dans son *Histoire de La Rochelle*; et M. Haag, dans la *France protestante*, ajoute : « La conduite qu'il tint envers La Noue n'est malheureusement que trop propre à justifier ces reproches. »

La Noue, le fameux capitaine calviniste, surnommé *Bras de fer*, avait été nommé en 1572 par Charles IX, gouverneur de La Rochelle. Le 3 mars suivant, à la suite d'un conseil où le brave capitaine avait démontré la folie et l'impossibilité d'une résistance au roi, contre les ministres dont quelques-uns, raconte M. Haag dans la *France protestante*, poussaient le fanatisme jusqu'à prêcher dans des temples chrétiens « qu'il ne fallait accorder aucun quartier aux papistes, » La Place, un des plus exaltés, insulta La Noue et dans un excès de fureur alla jusqu'à lui donner un soufflet. On comprend qu'un tel énergumène devait avoir peu de succès auprès de la placide population de Saintes. Aussi Pierre de La Place fut-il bientôt remplacé dans cette ville par Claude de La Boissière :

La Boissière sortait, le 28 Mai 1558, tout frais émoulu des cours de théologie que Calvin professait à Genève. C'était un gentilhomme de province ; il avait été quelque temps ministre à Aix. On a de lui deux lettres, citées par M. A. Crottet, page 37 de son *Histoire des églises réformées*. La première, adressée de Saintes à Calvin, le 6 Mars 1561, apprend au réformateur Génevois qu'il y a plus de trente-huit pasteurs en Saintonge, et qu'il en faudrait bien cinquante. Il parle du Synode provincial tenu à Saintes, le 1er Mars de cette année. Il y en avait eu un autre, le 25 Décembre 1560, à Tonnay-Charente. La seconde, adressée à M. de Collonges, nommé aussi François de Morel, et datée de Saintes, le 12 Juin 1561, demande pour Cognac un pasteur instruit, parce que « en la ville de

Coignac sont gens de bonnes lectures et qui s'arrêtent bien souvent à l'homme. »

Pierre de La Place avait frayé avec la noblesse : il trouvait à ce commerce plusieurs avantages, entre autres celui de dîner. Car, quoique prêchant contre le luxe et la bonne chère du clergé, il fallait pourtant vivre. La petite église de Saintes était pauvre : ce n'était pas Palissy qui pouvait le traiter, lui qui était contraint d'emprunter sa nourriture. Cependant cette espèce de parasitisme auprès des grands avait déplu. Son successeur dut y renoncer : les fidèles craignaient « que cela ne fust le moyen de corrompre leurs ministres » (page 107.) Aussi La Boissière, c'est Palissy qui le raconte (page 108), « bien
» souuent mangeoit des pommes et buuoit
« de l'eau à son disner, et par faute de nape,
» il mettoit bien souuent son disner sur vne chemise... »

Involontairement, en lisant ce naïf détail, on songe à ce vers du chansonnier :

On peut bien manger sans nappe.

XLVIII

A la faveur de la tolérance pour le protestantisme qui suivit la mort de François II — 5 décembre 1560, — au milieu des compétitions rivales pour la régence et des luttes d'influence au début du règne d'un roi de dix ans et demi, les Huguenots, qui augmentaient de nombre, s'enhardissaient chaque jour. On ne se réunissait encore qu'à minuit. Claude de La Boissière osa, en 1561, prêcher sous la halle à Saintes publiquement.

Grande rumeur !

Le maire accourt; c'est Pierre Lamoureux, médecin, sectateur non déclaré de la Réformation. Le grand vicaire l'accompagne : c'est Geoffroy, *alias* Jean, d'Angliers, chantre et chanoine de Saint-Pierre, qui dans son prieuré d'Armenteuil, à Mortagne, disposait les esprits à recevoir les leçons de Jean de Chastaignier, ministre de Montrichard en Touraine, qu'il leur envoya l'année suivante.

« Deux des principaux chefs »—sans doute l'évêque ou le gouverneur pour le roi et le lieutenant criminel — étaient en ce moment à Toulouse, où ils restèrent deux ans, ajoute Palissy (page 109); « lesquels n'eussent voulu permettre nos assemblees estre publiques ; qui fut la cause que nous eusmes la hardiesse de prendre la halle ; ce que n'eussions seu faire sans grands scandales, si lesdits chefs eussent esté en la ville. »

Le maire et le vicaire général, plus débonnaires, demandent des explications. Le prédicant expose qu'il enseigne la loi divine, qu'il exhorte le peuple à vivre dans la crainte de Dieu, du roi et des autorités. Satisfaites de sa réponse, les autorités municipales et religieuses se retirent. La Boissière continua ses prônes, et ses confrères l'imitèrent dans toute la contrée.

XLIX

L'édit de pacification, nommé aussi l'édit de janvier, parce qu'il fut donné par Charles IX à Saint-Germain-en-Laye, le 17 janvier 1562, n'était pas propre à rabattre l'audace toujours croissante des Huguenots. Il les forçait à rendre aux catholiques les églises, maisons, terres, biens dont ils s'étaient emparés « en une infinité de lieux, » leur enjoignant de ne plus renverser à l'avenir les croix, images, statues. Il leur permettait, pourvu que ce fût hors de l'enceinte des villes, de tenir des assemblées que devaient protéger les officiers royaux, de prêcher ce qu'ils voudraient, à la condition qu'ils n'avanceraient rien de contraire au symbole du Concile de Nicée, qu'ils s'abstiendraient d'invectives contre les catholiques et les cérémonies de leur culte, enfin de convoquer des synodes, colloques et consistoires auxquels assisteraient des officiers du roi.

Cette condescendance déplut aux catholiques, et ne satisfit pas pleinement les calvinistes qui avaient espéré davantage. Le moindre incident pouvait mettre les armes aux mains des réformés. Le malheureux évènement qu'on a nommé le massacre de Vassy, — 1ᵉʳ mars 1562, — fut le signal de la guerre civile.

François, comte de La Rochefoucauld, qui commandait pour le prince de Condé, Louis de Bourbon, chef des Huguenots, en Guienne, Saintonge et Poitou, lève des troupes, met garnison à Saint-Jean-d'Angély. Mais avant d'aller rejoindre son général à Orléans, il convoque, le 25 mars, à Saint-Jean-d'Angély, un synode où le plus fougueux des ministres de La Rochelle, Charles Léopard, et les autres pasteurs de la Saintonge et de l'Aunis, décident pour les gentishommes que retenait encore le serment de fidélité juré au roi, que l'Ecriture permet aux vassaux de lever la lance contre leur seigneur pour cause de religion. Le 3 avril, barons et chevaliers, délivrés de tout scrupule par cette déclaration, s'assemblent en armes à Briou, entre

Saint-Jean-d'Angély et Melle, — Voir d'Aubigné et de Thou, IV, 262. — et, sous le commandement du sieur de Saint-Martin, se dirigent vers Orléans, rendez-vous général des forces du parti.

Un second synode où, quelque temps après (septembre 1562), furent convoqués à Saintes par La Rochefoucauld soixante ministres, décida « qu'en bonne conscience on pouvait et devait prendre les armes pour la délivrance du roi, et la défense de la sainte religion opprimée par les Guises. — De Thou, IV 264; d'Aubigné I, livre III, chapitre 6 ; de Bèze II, 82. —

LX

Affranchis désormais de tous scrupules de conscience, les Rochelais, après la cène célébrée publiquement le 1er mai, s'éprenant d'une exaltation fanatique, se portent à l'église Notre-Dame et à la chapelle des Dominicains, renversent les autels, abattent les images, pillent les reliquaires et les vases sacrés. — Amos Barbot, *Inventaire des titres de La Rochelle*; Massiou, IV, 58. —

Le 7 juin, répétition des mêmes scènes. Un marchand espagnol offrit quatre mille écus d'un sépulcre fort riche; on le mit en pièces. — Briand, II, 146, *Histoire de l'église Santone et Aunisienne*. —

Ces exploits servirent de modèle et d'encouragement. A Fléac, près de Pons, une abbaye de Chanceladais fut complètement ruinée, et, au rapport de Florimond de Rémond, (paragraphe V, livre V) « on joua au rampeau avec la tête des prestres. » ..... A Angoulême, les sépulcres furent ouverts ; les cadavres qui avaient encore quelques restes de chair furent poignardés, et les os dispersés. Dans la cathédrale reposait le corps du grand-père de François Ier, Jean d'Orléans, comte d'Angoulême, mort l'an 1467, en odeur de sainteté. Le plomb de son cercueil servit à faire des balles d'arquebuse, et ses restes furent mis en lambeaux. — Valliras, *Histoire de Charles IX*; de Thou, IV, 261. — A Saint-Jean-d'Angély, quelques jours avant la fête patronale, (24 Juin), maître Arnauld Rolland, maire et capitaine de la ville, suivi d'une troupe en démence, envahit l'abbaye, saccage l'église, brise chaire, autels, stalles, pupitres, croix, statues ; brûle livres, bannières, images, ornements, reliques, la riche bibliothèque des Bénédictins et les archives du monastère ; défonce les tonneaux des caves, et enivre la populace. Ce fut pendant quelques jours une orgie dégoûtante, et les Huguenots firent bombance. A pleine voiture on charia tout ce qui put être enlevé, blé, vin, cloches, linges, meubles et ustensiles.

L'abbaye de Bassac, dont Jean Chabot de

Jarnac, abbé de Saint-Jean, était aussi abbé commendataire, subit les mêmes profanations. L'auteur de ces violences inouïes, Arnauld Rolland, fut, l'année suivante, par sentence du sénéchal de Saintonge, Charles Guitard, condamné à mort. Cependant on trouva moyen de lui faire éviter la pendaison; il fut même réhabilité.

LXI

A Saintes, les faits ne se passèrent pas autrement. Palissy nous a bien redit toutes les misères qu'eurent à subir ses coréligionaires. Pourquoi n'a-t-il pas été un historien impartial? Pourquoi n'a-t-il pas fait une mention quelconque de ce qu'avaient eu à supporter ses adversaires religieux? Une mention seulement, c'est peu demander. Nous allons le voir s'indigner contre la réaction catholique, et tromper ainsi un de ses plus consciencieux biographes, M. C. Duplessis, qui n'a point assez contrôlé le récit de son personnage. Mais la réaction suppose l'action. Pas un mot dans son récit des excès huguenots de 1562 : ils expliquent pourtant les vexations dont lui-même fut la victime. Je m'étonne, et le regrette pour son caractère, qu'il n'ait pas au moins indiqué quelques-uns des faits dont les Calvinistes se rendirent coupables. Cette justice eût singulièrement ajouté à la confiance qu'il peut inspirer. On voit trop que la passion l'anime, ce qui doit nécessairement nous mettre en garde contre ses affirmations.

Essayons de suppléer à son mutisme. Heureusement nous avons l'histoire. M. Massiou qui ne passe pas, que je sache, pour un catholique bien fervent, a parlé, — tome IV, page 59, — d'après les archives manuscrites de Saintes, des évènements si mal à propos passés sous silence par le potier-historien. Corroborons son témoignage du récit inédit d'un contemporain. Voici ce que nous dit Tabourin, chanoine de Saintes :

Ceux de la religion prétendue réformée, ainsi du reste qu'il résulte d'un procès-verbal du 7 février 1564, pénétrèrent à Saintes en juin 1562. La trahison leur avait ouvert une porte, qu'on appelait la porte *Mouclier*, située entre la tour de Maître Bernard et l'ancien pont. Il est d'ailleurs à remarquer que trois fois la ville fut prise, trois fois par trahison. On était à la veille de la Pentecôte ; et à la cathédrale « on fesoit de l'eau bénitte.... feu M. de Pérignat de la maison de Pons, archidiacre de Xaintonge et chanoine de laditte églize, fesoit ce jour là la bénédiction qui fust abandonnée de tous Messieurs, fors de M. Goumard, et du diacre et soubz-diacre, mesme jusques aux choristes qui s'enfuirent à cauze de la grande alarme qui estoit en la ville, et quittèrent là ledit Pérignat qui ne bougea de parachever la ditte eau béniste et de dire la grande Messe. »

Les assaillants n'avaient pour arme que des bâtons ferrés. Il s'en servirent.

Plusieurs églises éprouvèrent leurs dévastations. Les portes de la cathédrale fermées furent enfoncées ; les autels furent renversés, les tableaux déchirés, les livres qui « estoient tous garnis d'argent, le couvercle et le dedans estoient escrits en velin, » les papiers, les titres du chapitre, brûlés. On avait eu soin de cacher les reliques : elles purent échapper cette fois. Saint-Eutrope et Saint-Pierre furent transformés en temples ; à l'entrée du chœur de Saint-Pierre, on dressa une estrade où vinrent pérorer les principaux de la troupe. C'est sans doute ce qui a donné lieu à cette singulière assertion de Théodore de Bèze, répétée par M. A. Crottet, jadis pasteur protestant à Pons, aujourd'hui à Genève, que les deux cultes « en plusieurs lieux » de la Saintonge et de l'Angoumois vécurent fraternellement dans le même édifice, et que « les catholiques qui venaient d'ouïr chanter la messe, rencontrèrent les réformés qui se rendaient à l'exhortation. » (Page 60). La foi était alors encore trop vive. L'historien de la réforme a commis un anachronisme, je crois.

LXII

Les catholiques, quand le premier moment de stupeur fut passé, relevèrent la tête. Le comte de La Rochefoucauld avait mis une garnison à Saintes. Les habitants de Saintes la forcèrent bientôt à déguerpir, et ouvrirent leurs portes aux gens du sieur de Nogaret qui occupaient Taillebourg, château-fort à douze kilomètres de là.

Louis de Bourbon, duc de Montpensier, qui avait succédé à Antoine, roi de Navarre, dans le gouvernement général des provinces maritimes d'Aquitaine, s'avançait de Barbezieux avec son lieutenant-général, Charles, comte de Burie, pour remettre la capitale de la Saintonge au pouvoir de ses habitants. C'était fait. Il rendit (octobre 1562) au culte romain les églises de Saint-Pierre et de Saint-Eutrope, — de Thou IV, 448 — confisqua les biens des huguenots, et mit une garnison dans la place pour la défendre contre toute surprise.

C'est de la joie triomphante des papistes que Palissy parle, quand il dit (page III) : « Il sortit certains diabletons du chasteau de Taillebourg qui fesoyent plus de mal que non pas ceux qui estoyent diables d'ancienneté. Eux entrans en la ville, accompagnez de certains prestres ayant l'espée nue au point, crioyent : où sont-ils ? Il faut couper la gorge tout à main. »

On reconnaît bien l'écrivain huguenot dans cette mise en scène. Ces cris ne l'effrayaient pas pour ses coréligionnaires : car ils s'étaient tous enfuis, mais un peu pour lui-même. Deux mois, il se tint prudemment à l'écart, caché dans son atelier, travaillant à perfectionner l'émail déjà trouvé, et fort épouvanté, « voyant que les portefaix, et belistreaux estoyent deuenus Seigneurs aux despens de ceux de l'Eglise réformée. »

Ce qui lui causa la plus grande frayeur — et ce qui, franchement, ne pouvait pas être bien terrible — ce furent les simulacres de combat que, chaque jour, sur la place près de laquelle était sa maison, se livraient deux troupes de petits drôles. Il se divisaient « en deux bandes, et iettans des pierres les vns contre les autres, iuroyent et blasphemoyent le plus execrablement que iamais homme ouyt parler. »

Et sait-on quels étaient ces juréments effroyables? « Il disoient, par le sang, mort, teste, double teste, triple teste! » Palissy, convenons-en, avait les oreilles pudibondes et la conscience timorée. Pour moi, il m'est impossible, avec la meilleure volonté, de voir dans ces batailles, comme il le voudrait, une preuve vivante de la dépravation des catholiques. Polissonnerie d'enfants mal surveillés; qu'est-ce autre chose?

. . . .

On pourrait peut-être retrouver l'origine de ces blasphèmes qui troublaient tant le pauvre Palissy, dans ce passage de Théodore ee Bèze. — *Histoire ecclésiastique des églises réformées au royaume de France*, II, page 828, Anvers, 1583. — « Ceste défaite et le soudain despartement de La Rochefoucauld estonnèrent merueilleusement tout le pays et notamment la ville de Xaintes, de laquelle estant sortis ceux de la religion, et s'estant écoulés çà et là, un nommé Nogeret tenant auparauant garnison à Taillebourg, homme trèsdetestable, portant en sa devise ces mots,

Dovble mort dievà vaincv certes, entendant par ces mots ceux de la religion qui condamnent ces iurements et blasphèmes, y entra.... ce qui fut cause de la mort de plusieurs, s'y employant entre autres le lieutenant particulier nommé Blanchard. »

LXIII

Au milieu de l'effervescence qui suit toujours la victoire, on se souvint que l'atelier de Maître Bernard avait servi aux réunions politico-religieuses. Je voudrais de grand cœur qu'on l'eût oublié. Quelques propos menaçants furent sans doute proférés contre lui. Aussitôt avec une généreuse spontanéité, le duc de Montpensier lui donna une sauvegarde. Ce n'était pas assez ; il déclara son atelier lieu de franchise. Que pouvait-il faire de plus ?

Les derniers excès des Protestants en Saintonge avaient excité encore la sévérité du Parlement de Bordeaux. L'édit que Henri II avait donné à Ecouen, en janvier 1559, abandonnait aux juges, sans appel, la vie des

Réformés, et leur défendait de faire grâce ou de modérer la peine. On l'avait laissé dormir; il fut tiré de son sommeil. Le Parlement de Bordeaux ordonna qu'il serait exécuté dans tout son ressort. Les juges de Saintes durent obéir. Palissy s'est déchaîné contre eux; il veut qu'ils aient apporté de l'animosité dans son procès « par ce qu'aucuns desdits Iuges (page 8) estoyent parents du dit Doyen et Chapitre, et possédent quelque morceau de benefice, lequel ils craignent de perdre; par ce que les laboureurs commencent à gronder en payant les dixmes à ceux qui les reçoyvent sans les mériter. »

La passion égare Palissy : et il a tort de supposer aux poursuites dirigées contre lui un motif aussi misérable. La vénalité des charges de judicature, si elle avait de graves inconvénients, avait au moins cet avantage de rendre le magistrat complètement indépendant. L'accusation peu fondée en thèse générale est ici tout à fait fausse.

Le doyen du Chapitre était Louis Guitard. Reçu dans cette dignité, le 5 décembre 1553, il avait deux fois représenté le clergé de Saintonge auprès du roi, et plaidé les intérêts de la religion romaine. Le zèle qu'il avait déployé dans ces missions lui valut la haine des dissidents; plusieurs fois ils tentèrent de le faire périr. Il avait vu massacrer le neveu de son évêque, Jacques de Bizet, vicaire général, dans la surprise de 1562 ; lui, avait été assez heureux pour échapper à leurs coups. Il mourut le 24 avril 1584. Les régistres du Chapitre faisaient de lui le plus grand éloge. Peut-être la crainte du péril évité avait-il augmenté sa haine de l'hérésie. Le sentiment est trop naturel pour être blâmé, et rien ne prouve qu'il ait entrainé le doyen à un acte, je ne dis pas coupable, mais même regrettable.

Louis Guitard avait un frère : Charles Guitard, seigneur des Brousses, dont les descendants subsistent encore à Saintes, et à Agris, près de La Rochefoucauld en Angoumois.

Charles Guitard, né en 1519, sénéchal de robe longue, était alors lieutenant criminel. En 1572 il devint lieutenant général. Dans ces fonctions élevées, il rendit à la province d'importants services. Je voudrais pouvoir transcrire ici une page de mon *Epigraphie Santone* inédite. On y lirait une magnifique épitaphe de Charles Guitard. Après avoir exercé quarante ans la magistrature, riche, aimé de ses nombreux amis, il renonça au monde, se consacra tout entier à Dieu, et pendant onze ans qu'il vécut encore, remplit avec la plus sincère piété les fonctions de doyen dans la cathédrale de Saintes. Quand il mourut, à l'âge de soixante-dix-neuf ans, 10 novembre 1598, le Chapitre, pour reconnaître ses services et ceux de son frère, décida que la chapelle Saint-Thomas, aujourd'hui Saint-Michel, servirait désormais de sépulture à la famille. L'inscription qui rappelle ses titres est en latin; elle est longue. Je citerais volontiers les deux distiques grecs qui la terminent; mais mon imprimeur n'a pas l'ombre d'un caractère hellenique, et me voilà forcé de traduire les vers en français. Le prote y gagne; mais le lecteur y perd :

Les biens dont a joui mon heureuse existence,
Mourant, à mes parents je les ai tous laissés;
Et cette tombe, abri de mes membres glacés,
Après tant de richesse est ma seule opulence.

C'est aux libéralités de Charles Guitard qu'est due la fondation du Collége de Saintes, qui possédait encore trente mille livres de rente en 1789.

Eh bien ! faut-il croire à ce que Maître Bernard insinue sur la complaisance intéressée du lieutenant criminel ? Et combien se trompe M. Duplessis, lorsque (page 458), sur la foi de Palissy, il appelle ses juges des

« juges prévaricateurs. » Palissy est juge et partie dans la cause ; récusons-le. Les lois étaient mauvaises ; le tribunal fut juste. Le magistrat ne crée pas la loi ; il l'applique.

LXIV

Malgré la sauve-garde de Louis de Bourbon, Palissy fut appréhendé au corps. Il n'avait pas voulu fuir ; il espérait que, le sachant chargé de commandes par le connétable de Montmorency, et protégé par le gouverneur général de l'Aquitaine, on respecterait son œuvre et sa personne. Il n'en fut rien : les archers le saisirent ; il fut jeté en prison. Mais son arrestation fit voir encore plus clairement l'admiration que l'on avait pour son génie, admiration qui allait jusqu'à le soustraire à la rigueur des lois.

Dès que son emprisonnement fut connu, tout ce que la province comptait de personnages influents s'émeut. Le seigneur de Jarnac, Guy Chabot, sénéchal et gouverneur

d'Aunis, que son duel avec François Vivone
de la Chataigneraye à Saint-Germain en Laye,
10 juillet 1547, a rendu célèbre, intercéda
pour lui; le baron de Jarnac, quoique
catholique, favorisait les Protestants. François III, comte de La Rochefoucauld, gouverneur en Guienne, Saintonge et Poitou,
pour Louis de Bourbon, prince de Condé,
dont veuf il avait, en 1557, épousé la belle-sœur Charlotte de Roye, et aussi les opinions
religieuses, supplia pour son coréligionnaire, pour le protégé du Connétable son
ennemi. Le valeureux comte de Burie, Charles de Coucis, lieutenant-général en Saintonge, fit valoir sa constante fidélité au roi
et ses long services militaires en Italie et en
France. Un des plus puissants gentilshommes de la Saintonge, Antoine, sire de Pons,
comte de Marennes, baron d'Oleron, seigneur de Pérignac, Plassac, Royan, Mornac,
conseiller, chambellan, chevalier des ordres
du roi, gouverneur de Montargis, de Saintes
et de la Saintonge, intervint, apportant au
malheureux détenu l'appui de son nom et de
ses immenses possessions. Son épouse, Marie
de Montchenu, dame de Massy et de Guercheville, qui avait ramené au giron de l'orthodoxie Antoine de Pons, un moment gagné à
l'hérésie par la beauté et la science de sa

huguenote première femme, Anne de Parthenay-Larchevêque joignit ses instances aux siennes. Le présidial fut sourd. Et pour éviter toutes réclamations, pour ne pas avoir à subir de si hautes influences qui auraient pu entraver l'action de la justice, on fit, de nuit, et par des chemins détournés, partir le prisonnier. Il arriva à Bordeaux.

Le maître absent, on courut à sa maison. La curiosité poussait la foule; elle voulait voir l'atelier où s'élaborait des chefs-d'œuvre jusqu'alors inconnus, surprendre peut-être dans le four le secret de la fabrication de ces splendides émaux. Les portes étaient fermées; on les brisa. Toutefois à l'intérieur rien ne fut endommagé. Palissy se contente de dire (page 9) « il firent ouuerture et lieu public de partie de mon hastelier. »

Le corps de Ville fut plus rigoureux. Il décida que l'atelier du potier qui avait servi de réunion clandestine serait jeté bas, quoiqu'il eût été construit en partie aux frais du Connétable.

Il serait bien intéressant d'avoir cette délibération de l'Echevinage de Saintes. Mais, où est-elle? A la Mairie? Les registres du milieu du xvie siècle ont tous disparu. Au Greffe? J'y songeais déjà. Pour ces quelques recherches, je m'apprêtais bravement à franchir cette barricade qui défend aux yeux des profanes ces trésors de vieux papiers, et que, dans son *Rapport sur les anciennes archives de la mairie et du greffe du palais de justice de Saintes*, 1862, a si pittoresquement décrite M. L. de la Morinerie : fusils, trois cents au moins ; sabres, mais rouillés ; shakos, régistres éventrés, tables brisées, haches, batons, chemises tachées de sang, pantalons souillés de boue, couteaux oxydés, fœtus d'enfants qui avaient brisé leur bouteille d'alcool, et couronnant le tout une tête d'assassin exécuté jadis. Rien ne m'eut arrêté ; l'intrépide fureteur avait bien passé par là. J'ignore si toutes ces pièces de conviction, « arsenal de la vieille Bohême, » accumulées là depuis de longues années existent encore au Greffe ; mais on m'a dit que les archives n'y étaient plus. Depuis, on les a transportées à La Rochelle.

Nous sommes forcés d'en croire Palissy sur parole. Et cependant à la tête de l'édilité saintaise se trouvait alors Pierre Goy, seigneur de la Besne, déjà maire en 1553. Pierre Goy, avocat « Bourgeois et Echevin de cette ville de Xaintes), mais poète latin et français, était un ami de Palissy C'est lui qui lui donna un jour — comme le raconte l'écrivain (page 38), des ammonites trouvées à sa métairie. Enfin P. Goy était zélateur de la Réforme. Il me paraît difficile qu'il ait pu consentir à laisser détruire ainsi l'atelier de son ami et coréligionnaire. Toutefois la délibération, si elle fut prise, n'eut aucun effet. Antoine de Pons et son épouse, Marie de Montchenu, prièrent le Maire et les Echevins « de n'exécuter leur intention. » Ils épargnèrent ainsi au Conseil municipal la honte d'une vengeance bien inutile.

LXV

Les protecteurs du potier, en préservant son atelier de la ruine, ne négligeaient pas le soin de son propre salut. Le connétable Anne de Montmorency, apprenant que son artiste aimé, le décorateur habile de son château d'Ecouen, était détenu dans la prison de Bordeaux, employa son influence auprès de la reine mère. A sa recommandation, Catherine, artiste comme une Médicis, fit délivrer à Maître Bernard le brevet « d'inventeur des Rustiques Figulines du roi. » Ce titre l'enlevait à la juridiction du Parlement de Bordeaux. Désormais il ne relevait plus que du Grand Conseil. Son procès était indéfiniment ajourné... « C'était, on le voit, dit M. C. Duplessis (page 459), son art qui le sauvait ; et vraiment le Connétable avait paré sa protection de toutes les grâces délicates d'une flatteuse attention en rendant à Palissy sa liberté, au nom même et comme sur la prière de son talent. » Le potier fut reconnaissant. Anne de Montmorency ne se trompa pas dans cet appui qu'il lui accorda ; et ainsi il justifia une fois de plus sa devise que Palissy grava sur le pavé d'Ecouen : APLANOS, mot grec qui signifie *sans erreur*.

La paix d'Amboise du 19 mars 1563 acheva d'enlever toute crainte à l'émailleur délivré. Il put de nouveau cuire ses vases, et reprendre ses promenades sous les aubarées et dans les prairies de la Charente. . . . .
. . . .

Ici s'arrêtent l'épisode de la persécution religieuse que Bernard Palissy eut à souffrir en Saintonge, et le récit des commencements de la Réformation à Saintes dont il a été l'historien. Il est clair, pour quiconque voudra lire, que l'émailleur ne vit dans le protestantisme qu'un retour au christianisme primitif. Fait remarquable! Il n'a pas cité une seule fois les noms de Luther ou de Calvin. M. Alfred Dumesnil-Michelet, qui a écrit en 1851, au point de vue démocratique, ce qu'il appelle lui-même la « légende »

de Maître Bernard l'a remarqué comme moi.
A l'appui, je citerai les lignes suivantes qui
m'étaient complètement inconnues quand
j'écrivais mes chapitres XXXIX et XL :

« La question se réduisait pour Palissy,
dit M. Dumesnil dans l'*Union républicaine*
de Saintes, 16 mars 1851, comme pour le
peuple à une réforme purement morale du
clergé, à une diminution des charges dont les
propriétaires de bénéfices par leurs fermiers
accablaient les paysans, et nullement aux
controverses théologiques de hiérarchie et de
dogme. Les modifications dans le dogme ne
vinrent que plus tard. Luther et Calvin n'im-
posèrent leurs systèmes que lorsque les esprits, aigris par les luttes, furent rejetés par
la persécution dans les partis extrêmes.

« Pour les nobles, le protestantisme n'eut
point ce caractère. Il fut souvent un prétexte
à leur ambition. Ils en firent une guerre,
une conspiration contre le pouvoir central,
contre l'unité de la patrie. »

L'auteur a raison. Etonnons-nous, après
cela, des atrocités commises. C'est avant tout
la guerre. La religion en est le plus souvent
le prétexte.

Si j'avais du goût pour le tableau ré-
trospectif des fureurs de cette sanglante
époque, j'aurais à montrer comment les

Protestants, les *Parpaillots*, comme on les nomme encore en Saintonge, par dérision, firent payer cher, un peu plus tard, aux Catholiques ce court temps de malaise : les prêtres inondant Saint-Pierre de leur sang ou vendus à la criée par la ville; les monuments mutilés, la belle cathédrale des Rochechouart incendiée, Saint-Macoult détruit, Saint-Eutrope ruiné, l'église des Jacobins jetée bas, Sainte-Colombe ne gardant que quatre murs, et le reste. Mais je ne veux point réveiller des querelles assoupies. L'appel aux passions d'un autre âge, l'étalage complaisant des cruautés commises de part et d'autre n'est ni bon ni sain. Evitons les récriminations inutiles et les déclamations intempestives. Elles fomentent les haines, sans profit pour la foi et au détriment de la charité. Aujourd'hui, comme me l'écrivait dernièrement un pasteur protestant, « la lutte n'est plus entre les diverses confessions chrétiennes; elle est entre le christianisme et l'incrédulité la plus radicale. » Sages paroles! Aussi n'ai-je dit que ce qui était strictement nécessaire pour la clarté du récit et la biographie de mon personnage. Que d'autres écrivent la suite, s'ils veulent. Les documents ne manquent pas. Il y a quelques mois je trouvai à Saintes, comme souvenirs de ce que les contemporains appelaient déjà la guerre civile, ces mots gravés sur une pierre :

INTER ANGVSTIAS
BELLI CIVILIS.

Et à Surgères, au-dessus de la porte d'entrée du château, une main a écrit :

MVROS SOLO AEQVATOS
. . . .
QVARTO CIVILI BELLO.

Ici les pierres même crient ; *lapides clamabunt.*

LXVI

Bernard Palissy, de retour en sa maison, se livra en toute sécurité au perfectionnement de son art.

Il serait injuste de croire que, dans la capitale de la Saintonge, Bernard Palissy ne trouva que des persécuteurs ou des indifférents. Tant qu'il chercha, il eut le sort de tous les hommes qui marchent en avant de leur siècle ; il subit les déboires de tous les inventeurs. Dès qu'on put croire qu'il ne s'acharnait pas à la poursuite d'un rêve, que ses travaux n'étaient point les efforts stériles d'un esprit malade, et que, sous ce mépris apparent des lois de la société, il y avait au contraire un désir sincère d'être utile, alors on apprécia son caractère, et on admira son talent.

Que les utopistes imaginent un état où le jeune citoyen qui se sentira quelque instinct de célébrité soit hébergé, vêtu, et payé aux dépens du public dans une opulente oisiveté, jusqu'à ce qu'il ait pu enfanter des chefs-d'œuvre qu'il a grand désir de mettre au jour, c'est bien. Mais les choses se passent et se doivent passer autrement. La société ne peut nourrir dans sa ruche active des frelons paresseux. Qu'ils montrent leur talent ; elle les encouragera. Vraiment les hommes de génie seraient un peu trop privilégiés, si, outre le génie, don sublime, monopole divin, ils avaient encore toutes les douceurs et toutes les joies d'une plantureuse existence. Dieu fait bien ce qu'il fait. Le talent s'achète ; le génie se paie. Tâchons seulement que ce ne soit pas trop cher.

LXVII

Bernard Palissy, après sa découverte de l'émail, fut protégé et patroné. Tout ce que la province comptait d'hommes illustres, de seigneurs puissants, tinrent à honneur de lui prêter leur appui.

Pendant que s'étendaient sur sa tête la main puissante de Catherine de Médicis et l'influence du connétable et du maréchal de Montmorency, les plus grands noms de la Saintonge, le comte de La Rochefoucauld, le baron de Jarnac, le sire de Pons, le seigneur de Burie, lui témoignaient une bienveillance qui lui dut être une agréable consolation. En même temps, des amis plus voisins de sa modeste condition et ainsi plus près du cœur, s'attachaient à lui procurer les douceurs d'un commerce familier et d'une intimité que ne troublaient pas les divergences d'opinion religieuse.

Là, dans son atelier paisible et agrandi, pendant qu'il pétrissait l'argile, modelait ses plantes, moulait ses médailles, dessinait ses reptiles et ses poissons, cuisait ses vases, ses amis venaient se ranger autour de lui, pour le voir à l'œuvre, et l'encourager de leurs conseils et de leur approbation, tous lettrés dont le goût s'était développé par l'étude des chefs-d'œuvre antiques.

Il serait intéressant de faire revivre tout ce petit monde-là, qui eut aussi son jour de célébrité, et dont, hélas! les érudits seuls connaissent les personnages, et encore....

C'est d'abord un avocat, fameux..... en ce temps-là. Les avocats sont semblables aux ténors et aux virtuoses; rien ne reste d'eux qu'un écho lointain qui va toujours s'affaiblissant, comme les ondes sonores qui grandissent en diminuant d'intensité. Il s'appelait Babaud. Palissy a écrit de lui cette phrase : « Vn advocat, homme fameux et amateur des lettres et des arts (page 39). » En sa qualité d'amateur, Babaud était ignorant. Il soutenait que les fossiles étaient faits de mains d'hommes; et Palissy lui démontrait qu'ils étaient bel et bien naturels. Je n'en sais pas davantage sur son compte ; mais ce devait être un homme de valeur, puisque Palissy, sobre d'éloges, lui a consacré une ligne louangeuse.

Près de l'avocat, le médecin. Nicolas Alain est plus connu. Il a écrit un petit livre curieux et rarissime :

DE
SANTONVM
REGIONE, ET ILLVSTRIO-
RIBVS FAMILIIS
Iem de factura salis,

petit in-4° de 49 pages, imprimé à Saintes, en 1598, avec la marque de Nicolas Pelletier, de Poitiers, par François Audebert, *Franciscus Audebertus, typographus.*

L'opuscule de Nicolas Alain est précieux ; il cite les grandes familles de la Saintonge, les Vivonne, les Jarnac, les Pons, les La Rochefoucauld, les Parthenay-Soubise, les Polignac, les Genouillac, les Brémond, les Goumard, les Saint-Mégrin, etc. Parmi, que de noms éteints ou tombés ! Parfois d'un mot il caractérise le représentant de la maison dont il parle. Les productions de la province, les mœurs de ses habitants, ses curiosités naturelles, ses édifices, il passe tout en revue, mais assez brièvement. Il n'oublie pas l'absinthe santonique. Les maigres ont une mention particulière. Ces poissons, raconte-t-il, poussent des cris et bondissent comme des taureaux sur la côte, aux environs de Royan, Talmont et Meschers. On les appelle *maigres* parce qu'ils ne sont pas *gras*. — Lecteur, pardonnez ce calembourg à Nicolas Alain : c'était un médecin. — Ils ont en outre sur la tête deux petites pierrres que quelques personnes portent au cou comme amulettes pour se guérir de la colique. — C'est un praticien qui parle.

Son livre se termine par quelques pages sur la manière de fabriquer le sel en Saintonge. C'est un très-intéressant traité, et Palissy, tout savant qu'il était, n'a pas dédaigné de le copier. Entre amis on s'emprunte ce dont on a besoin.

Nicolas Alain et son fils, Jean Alain, éditeur du *de Santonum regione*, trouvèrent des poètes pour les louer : Dominique Du Bourg, médecin et maire de la ville ; Grellaud, conseiller du roi et échevin de Saintes ; Merlat, conseiller au Parlement de Bordeaux, Turmet, Pierre Goy, Le Comte, tous trois avocats, et Jacques Régnault, de Saintes. Plusieurs de ces poètes dont quelques-uns étaient aussi en relations littéraires avec

André Mage de Fiefmelin, autre écrivain saintongeais de ce temps, furent sans doute des amis de Bernard Palissy.

Pierre Goy en fut un certainement. Pierre Goy, sieur de la Besne, deux fois fut élu maire de Saintes, en 1553 et 1563. Gobet lui attribue les deux quatrains suivants, signés seulement des deux initiales P. G.

Les Anciens ont fort parlé d'Apis,
Et d'Esculape experts en médecine.
La mort du tout ne les a assoupis,
Car seulement le corps elle ruine.

Mais leur sçavoir, bruit immortel s'assigne,
Or qui voudra voir ton art tout exprès,
Il cognoistra que nature divine,
Les sus nommés te fait suyure de près.

Ces vers sont placés en tête du livre *Déclaration des abus et ignorances des médecins, œuvre très-utile et proufitable à un chacun studieux et curieux de sa santé,* composé par Pierre Braillier, marchand apothicaire de Lyon; pour réponse contre Lisset Benancio, médecin Mais ce travail, attribué par Faujas de Saint-Fond à Palissy, est maintenant reconnu comme n'étant pas de lui. Il n'est donc pas certain que P. G. signifie réellement *Pierre Goy.* Cependant le docte maire de Saintes faisait des vers latins : il pourrait aussi bien avoir composé des vers français, et les avoir placés au livre de Pierre Braillier, comme il a mis des distiques à la préface du traité d'Alain.

LXVIII

On a dit — c'est Faujas de Saint-Fond (page 674), et après lui M. Alfred Dumesnil-Michelet, dans l'*Union républicaine* de Saintes, 30 janvier 1851, — que Samuel Veyrel, le savant apothicaire et archéologue, mettait à la disposition de Maître Bernard son cabinet d'objets antiques recueillis à Saintes dans les démolitions du Capitole. C'était assez difficile : Samuel Veyrel n'a publié qu'en 1635, à Bordeaux, chez P. de la Covrt, son volume in-4° : *Indice dv cabinet de Samuel Veyrel, apothicaire à Xaintes, et obseruations sur diuerses médailles*. De plus, né en 1575, il ne pouvait guère montrer à Palissy, en 1562, des antiquités réunies seulement en 1609 et plus tard. Faujas de Saint-Fond, et M. Dumesnil-Michelet qui le copie en cela, ont confondu le père et le fils. Samuel Veyrel, l'antiquaire saintongeais, avait pour père Samuel Veyrel, « maistre aposticaire de la ville de Xaintes, » auquel il succéda, et pour mère Jeanne Moyne. Les deux époux eurent un autre fils qu'ils présentèrent, le 5 janvier 1571, au baptême du ministre Pierre Sanxay, et qui reçut de son parrain, Pierre Lamoureux, médecin, le prénom de Pierre. Il est fort à croire que ce Samuel Veyrel faisait partie du petit cercle de l'artiste émailleur.

LXIX

Pierre Sanxay était encore un des plus fidèles de la société. C'est lui qui mit en tête de la *Recepte véritable* les stances que voici ; quelques-unes sont charmantes, on ne lira pas sans intérêt :

A MAISTRE BERNARD PALISSY,
PIERRE SANXAY DIT
Salut.

Par tous les siècles passez,
Nature mere des choses,
De ses thresors amassez,
Les portes a tenu closes.

L'homme, comme vn ieune enfant
Sans grace et intelligence,
N'a fait geste triomphant
N'œuure beau par excellence.

Hercules, ou comme on dit,
Les neueux du premier homme
De dresser ont eu credit
Vne et vne autre colonne,

La Grece a receu l'honneur
De quelques Cariatides :
L'Egypte, pour la grandeur
De ses hautes Pyramides.

Du sepulchre Carien,
N'est esteinte la memoire :
L'amphitheatre ancien
Couronne Cesar de gloire.

Mais cela n'approche point
Des rustiques Figulines,
Que tant et tant bien à poinct,
Et dextrement imagines.

A chacun œuure il falloit
Mille milliers de personnes :
Mais le plus beau n'esgaloit
Celuy que seul tu façonnes.

Le plus beau a bien esté
Enrichi par eloquence :
Le sien a plus de beauté
Que la langue d'elegance.

Les anciens, qui nombroyent
Sept merueilles en ce monde,
La tiene veuë, ils diroyent
Que nulle ne la seconde.

Appelles a eu le pris,
En bien peindant, sur Parrhase,
Parrhase sur Xeuzis :
Ton pinceau le leur surpasse

—

Le rocher haut et espais
Ne distille l'eau tant claire,
Que celuy là que tu fais
Iettra l'eau de sa riuiere.

—

Un Architas Tarentin
Fit la colombe volante :
Tu fais en cours argentin
Troupe de poissons nageante.

—

Les ranes en vn estang
Ne sont pas plus infinies :
Mais leur coax on n'entend,
Car elles sont seriphies.

—

Megere au chef tant hydeux
Portoit les serpens nuisantes :
Mais toi non moins hazardeux,
Les fais partout reluisantes.

—

Le lizard sur le buisson
N'a point vn plus nayf lustre
Que les tiens en ta maison
D'œuure nouveau tout illustre.

—

Les herbes ne sont point mieux
Par les champs et verdes prees,
D'vn esmail plus precieux
Que les tienes diaprees.

LXX

J'ai nommé Pierre Lamoureux ; il était un des habitués de ce modeste cénacle d'esprits cultivés. C'est à cause de lui que Palissy (page 55) serait marri de médire des médecins : « Car il y en a en cette ville, ajoute-t-il, à qui je suis grandement tenu, et singulièrement à M. l'Amoureux, lequel m'a secouru de ses biens et du labeur de son art. »

Gobet, à la page 158 de l'édition in-4° de 1777, écrit : « Il est bien glorieux à ce médecin, dont le nom est d'ailleurs ignoré, d'avoir été un des Mécènes et des amis de Palissy. » Lamoureux cependant n'a pas manqué d'une certaine notoriété. Maire de Saintes au commencement des troubles, il avait livré la ville aux Huguenots. En 1569,

Le froid, l'humide, le chaud
Fait flestrir tout autre herbage :
Tout ce qui tombe d'en haut,
Le tien de rien n'endommage.

—

Je me tayray donc, disant,
Que ta meilleure nature,
D'vn thresor riche à present
Nous donne en toy ouuerture.
    A Dieu.

Pierre Sanxay, poète, était apothicaire comme Samuel Veyrel, et même pasteur, ainsi qu'on l'a vu, l'un sans doute n'empêchant pas l'autre. Sa fille Suzanne fut baptisée par Yves Rouspeau, poète et pasteur de Pons où il était né. Sanxay figure sur divers actes d'état religieux à Saintes, entre autres sur un acte de baptême du 8 avril 1576, où fut marraine « Jeanne de Gontaulx de Biron, dame de Brisambourg, » et même un peu ministre à La Rochelle, en 1568, si l'on en croit *La Rochelle protestante*, 1863, par un maire de cette ville. M. P. S. Callot, qu'il ne faut pas confondre, comme M. Rainguet, avec son homonyme et son parent du xviie siècle, le célèbre peintre et graveur, Jacques Callot, de Nancy.

il fut condamné à mort par le Parlement de Bordeaux. L'arrêt ne reçut pas d'exécution. Lamoureux aurait dû se tenir tranquille. En 1573, il fomenta une sédition dans la cité contre l'autorité royale. Déjà la populace s'échauffe; les soldats de la garnison se joignent aux révoltés; l'émeute gronde. Le gouverneur, averti à temps, se présente. Avec les officiers il se jette au milieu des mutins, et ils parviennent à arrêter le mouvement. Le chef de l'échauffourée fut saisi. On lui fit son procès. *La France protestante* raconte autrement l'affaire. En 1574, « il eut, dit-elle, la mauvaise pensée d'écrire à Plassac, gouverneur de Pons, pour lui faire connaître combien il serait facile de surprendre la ville de Saintes. Le valet qui portait sa lettre fut arrêté. Mandé en présence du gouverneur, Lamoureux n'hésita pas à reconnaître son écriture et fut jeté en prison. Après une longue détention, le lieutenant-criminel, qui était son beau-frère, le condamna à être pendu. » L'arrêt fut exécuté en 1574. « La trahison, ajoute M. Haag, est toujours et dans tous les partis un acte odieux. »

Il ne passe pas à Saintes de personnage important qui n'aille visiter l'artisan. « Vn » Gentilhomme près de Peyrehourade, qui est » l'habitation et Ville du Viscomte d'Orto,

» cinq lieux distante de Bayonne (page 48), » lequel Gentil-homme est Seigneur de la » Mothe, et Secrétaire du Roy de Nauarre, » homme fort curieux et amateur de vertu, » se trouve traverser la Saintonge. Il a reçu à la cour du feu roi de Navarre un fragment d'une pièce de bois réduite en pierre; sachant Palissy curieux de telles choses, il va lui en offrir un morceau. Gracieuse politesse d'un grand seigneur!

Gobet nous apprend que ce gentilhomme de Peyrehorade était La Motte-Fénelon, chevalier de l'ordre du roi. D'abord secrétaire du roi de Navarre, il fut, selon Pierre Olhagaray, chargé en 1568, par le roi de France, d'aller trouver à Orthez Jeanne d'Albret qui revenait de la Navarre, pour la prier d'user d'indulgence à l'égard de sa noblesse Basque. Au moins de septembre, il fut envoyé, avec des lettres datées de Bergerac, le 16, auprès de Charles IX pour lui exposer les motifs qui forçaient Jeanne à quitter ses Etats. N'est-il pas honorable pour Palissy d'avoir compté parmi ses amis un membre de cette famille qui a donné aux lettres, à l'Eglise, à la France, l'illustre Fénelon?

LXXI

Ce fut sans doute à l'instigation de ses doctes amis, éloignés ou voisins, que Palissy se décida à publier quelques-unes de ses idées. Il chercha donc un imprimeur, et le trouva à La Rochelle. Peut-être parmi les typographes de Saintes n'y en avait-il pas qui eussent embrassé la religion nouvelle, et François Audebert sans doute n'y avait pas encore installé ses presses.

En 1563 parut chez Barthélemy Berton le premier ouvrage authentique de Maître Bernard. En voici le titre :

RECEPTE VERITABLE *par laquelle tous les hommes de la France pourront apprendre à multiplier et à augmenter leurs thrésors. Item ceux que n'ont jamais eu cognoissance des lettres, pourront apprendre une philosophie nécessaire à tous les habitans de la terre. Item, en ce liure est contenu le dessein d'vn iardin autant délectable et d'vtile inuention qui en fut oncques veu. Item, le dessein et ordonnance d'une ville de forteresse, la plus imprenable qu'homme ouyt iamais parler, composé par maistre Bernard Palissy, ouurier de terre, et inuenteur des rustiques figulines du roy, et de Monseigneur le duc de Montmorancy, pair et connestable de France; demeurant en la ville de Xaintes La Rochelle, de l'imprimerie de Barthélemy Berton. 1563*

Il existe de cette édition un exemplaire à la Bibliothèque impériale.

A l'exemple des grands imprimeurs d'alors, de Jean de Marnef, de Poitiers, par exemple, qui avait un pélican, Barthélemy Berton a placé une marque sur la première page de ce livre. Aujourd'hui, M. Aug. Aubry a trouvé la sienne dans un semeur avec ces mots :

A L'AVENTURE.

Et M. Dumoulin, autre éditeur à Paris, a pris celle-ci qui est fort dans le goût du xvi⁰ siécle; un *moulin* au-dessus de la porte duquel on lit : LIBRAIRIE, et en légende :

C'EST DU MOULIN QUE NOUS VIENT LA
PATURE.

Le typographe Rochelais y mit moins de frais d'imagination. La vignette néanmoins est assez curieuse. C'est un homme dont le bras est lié à une lourde pierre qui le retient au sol, et dont le bras gauche, orné de deux ailes, semble voler vers Dieu qu'on aperçoit dans un nuage. La légende est ainsi conçue :

POVRETE EMPESCHE LES BONS ESPRITS
DE PARVENIR.

Elle fait songer aux vers de Juvénal, satire III :

HAUD FACILE EMERGUNT, QUORUM VIRTUTIBUS OBSTAT
RES ANGUSTA DOMI.

Ce n'est pas facilemement qu'ils s'élèvent, ceux dont le mérite trouve pour obstacle la pauvreté ;

ou bien encore, satire VII :

Noque enim cantare sub antro
Pierio, thyrsumve potest contingere sana
Paupertas, atque æris inops, quo nocteque dieque
Corpus eget. Satur est, cum dicit Horatius : Ohe !

De cette légende on a fait la devise de Palissy, et de cette marque d'imprimeur son emblême. Mais ni l'une ni l'autre ne lui appartiennent.

Sont elles au moins à Barthélemy Berton? Pas davantage. L'éditeur de Palissy se les était tout bonnement appropriées. Le véritable inventeur reste encore inconnu. Cette marque figure sur les *Emblèmes d'Alciat*, édition de 1555, antérieure par conséquent de huit années à la publication Aunisienne. L'exemplaire que j'ai eu entre mains est de 1589. Au chapitre EMBLEMA CXX (page 433), on lit ce titre:

PAUPERTATEM SUMMIS INGENIIS OBESSE NE PROVEHANTUR;

traduction exacte:

Pauvreté empêche les bons esprits de parvenir;

puis ces deux distiques qui sont la description de la figure:

DEXTRA TENET LAPIDEM, MANUS ALTERA SUSTINET ALAS;
   UT ME PLUMA LEVAT, SIC GRAVE MERGIT ONUS.
INGENIO POTERAM SUPERAS VOLITARE PER ARCES,
   ME NISI PAUPERTAS INVIDA DEPRIMERET.

Ma main droite tient une pierre; deux ailes soulèvent ma main gauche;
   Si les ailes m'emportent, le poids pesant m'attache à la terre.
Grâce à mon génie, je pouvais m'élever jusqu'au ciel;
   Mais la pauvreté jalouse m'accable et m'étreint.

J'ai constaté cette marque à la fin du premier volume (page 365) de l'*Histoire vniverselle dv sieur d'Avbigné*, imprimée « à Maillé, par Iean Movssat, imprimevr ordinaire dvdit sievr, » en 1616. M. B. Fillon la signale avec la devise,

Spes sola dat vires,
L'espoir seul donne des forces,

au revers de la médaille de Jérôme de Villars, archevêque de Vienne de 1601 à 1625.

Enfin, on peut la voir au Musée céramique de Sèvres sur un plat à relief de la fin du XVIe siècle, provenant de la collection de Mme de la Sayette.

LXXII

La *Recepte véritable*, volume in-12 d'une centaine de pages, dont le titre énonce clairement le contenu, était certainement écrite quelques années avant sa publication. Elle doit avoir été retouchée sous l'influence des persécutions que venait de subir l'auteur. Le projet de grotte notamment, considérablement développé dans l'opuscule imprimé, existe manuscrit avec la date de 1561.

L'ouvrage se compose de deux parties; la dernière, *de la ville de forteresse*, n'a que quelques pages. La première est de beaucoup plus considérable. Aussi Faujas de Saint-Fond l'a-t-il cru pouvoir diviser en quatre livres : *l'Agriculture*, *l'Histoire naturelle*, *le Jardin délectable*, avec un appendice intitulé *Histoire*; le quatrième livre est formé de la seconde partie de l'ouvrage *Ville et forteresse*. Mais cette division, fort exacte comme plan ou analyse, a le tort d'être arbitraire. Palissy écrit un peu au gré de son imagination. L'ordre lui fait complètement défaut, ce qui du reste était dans les livres une qualité fort rare au xvie siècle. L'intérêt est varié, trop varié. Les idées s'y suivent et ne s'y enchaînent pas. Elles ressemblent à des ombres chinoises, à ces fantômes des panoramas dioramatiques ; à peine commencent-elles à prendre forme que déjà elles s'évanouissent, vagues, confuses, pour laisser la place à d'autres qui ne feront de même qu'apparaître et disparaître. M Duplessis, plus indulgent (page 477), a comparé l'ouvrage de Maître Bernard « à ces causeries littéraires si fort en vogue dans notre temps. Lui aussi a fait une sorte de causerie scientifique. L'imagination seule l'a conduit au travers de ce dédale d'observations dont le décousu est encore un agrément et une ressource contre l'aridité de certaines démonstrations. Le caprice et la fantaisie lui ont tracé le plan de cette mosaïque agréable, quoique un peu confuse. Dans ce pêle-mêle de pensées, justes pour la plupart, et plus d'une fois poétiquement éloquentes, est, je le répète, l'originalité en même temps que le défaut de la *Recepte véritable*. »

Puis, l'écrivain cherche à se retrouver dans ce dédale : « On finit cependant, dit-il, par trouver un enchaînement possible, quoique un peu artificiel sans doute, dans ces explications sans ordre et sans lien. C'est un cadre fictif, je l'avoue, mais qui a du moins ce mérite de s'adapter parfaitement au livre de Palissy. » Et il voit dans ce volume si complexe et si mêlé trois parties. La première, réservée à la science, nous offre des conseils divers sur l'agriculture, un certain nombre d'explications de quelques problèmes de chimie théorique ou appliquée. La seconde contient la description de son fameux jardin qui semble le sujet réel du livre entier. La troisième enfin renferme l'histoire de l'Eglise réformée de Saintes, et, comme corollaire, le plan de la ville de forteresse.

C'est ce que nous allons examiner.

LXXIII

En tête de l'opuscule se lisent des vers. D'abord un huitain en cette forme :

F B. A M. BERNARD PALISSY
SON SINGULIER ET PARFAIT AMI, salut.

Si le malin vulgaire, ami Bernard,
Mesdit souuent de ce qui est louable,
Craindras-tu point, veu mesme ton propre art,
Luy diuulguer ce liure profitable ?
Non, si me crois : car il m'est agreable,
Quoy que voudroyent envieux mieux parler :
Les ignorans, de l'art tant admirable,
Par ton moyen y pourront profiter.

Puis vient un dixain, qu'un biographe, sans plus de preuves, a mis sur le compte de Palissy. Je le crois du même poète.

Av lectevr, salut.

En petit corps gist souuent grand puissance,
Ce qu'entendras, lecteur, lisant ce liure,
Qui de nouueau est mis en euidence
Pour d'aucuns sots, l'erreur ne faire viure :
Car il demonstre à l'œil, ce qu'il faut suiure,
Ou reietter, en ses dits admirables :
En recitant maints propos veritables,
Tend à ce but, qu'art imitant nature
Peut accomplir, que maints estiment fables,
Gens sans raison et d'inique censure.

Quel est ce poète qui se cachait discrètement sous ces deux lettres F. B. ? Les conjectures sont faciles et les paris ouverts. Je tiens pour François Bauldouyn, sieur de l'Ouaille, conseiller au présidial de La Rochelle, pair et échevin de cette ville.

François Bauldouyn, l'un des hommes les plus honorés de son temps, jouissait d'une telle réputation que le médecin Olivier Poupart, dans son traité de la peste (1583), l'appelle « un grand luminaire de littérature. » Et l'idée parut si juste à Mage de Fiefmelin qu'il la reproduisit en ce quatrain :

Baudouyn va devant qui, comme esprit plus rare,
D'un diamant est né sous le jet des cailloux.
A trauers sa lanterne on voit l'esclair du phare,
Et son éclat brille entre tous.

— Voir mon opuscule, Les oubliés. — I. *André Maye de Fiefmelin*, poète saintongeais du xvi° siècle; Paris, chez Aug. Aubry, 1864. —

Bauldouyn prêtait volontiers le secours de sa plume aux préfaces des écrivains de son temps. Dans le livre d'André Mage, *l'Image d'un mage*, à la page 71, il compose, en l'honneur du poète Oleronais, une ode à la manière antique, avec strophe, antistrophe et épode, signée *F. Bauldouyn sieur de l'Oeille,* et à la page 73, il insère un sonnet, au bas duquel sont ces seules lettres : *F. B. S. de L.*

Mais il y eut plusieurs poètes, même en ce temps-là, qui s'appelaient François B. C'est ce qu'a pensé l'éditeur Gobet. Aussi a-t-il mis en note, à la page 462 : « Peut-être François Béroalde, sieur de Verville, contemporain et amateur de sciences comme Palissy. » Et vite P.-A. Cap d'exécuter une variante sur ce thème (page 2) : « Probablement François Béroalde de Verville, son contemporain, auteur du *Moyen de parvenir.* » Autant valait copier franchement son devancier.

Cap et Gobet ont peut-être raison contre moi. Mais j'y vois une petite difficulté : c'est que François Béroalde, né le 28 avril 1558, avait cinq ans à l'époque où parut la *Recepte véritable*. Si précoce qu'on suppose le sieur de Verville, il est peu probable qu'il ait au maillot composé des vers pour recommander Palissy au public, et qu'il se soit lui-même appelé « son singulier et parfait ami. » Un marmot de cinq ans !...

Décidément, il vaut encore mieux, sous les initiales *F. B.*, voir François Bauldouyn.

LXXIV

La part de la prose dans les préliminaires du livre est plus considérable.

C'est d'abord une *Epistre* dédicatoire au fils du connétable, le maréchal de Montmorency, chevalier de l'ordre du roi, capitaine de cinquante lances, gouverneur de Paris et de l'Ile-de-France, alors âgé de vingt-six ans. L'auteur lui expose les idées principales de son travail, et s'excuse d'oser, modeste artisan, lui offrir ses services pour la construction d'une forteresse. Car, « s'il a plu à Dieu de *lui* distribuer de ses dons en l'art de terre, qui voudra prouver qu'il ne soit aussi puissant de *lui* donner d'entendre quelque chose en l'art militaire, lequel est plus apprins par nature au sens naturel que non pas par pratique? »

Ensuite, c'est une lettre « à ma très-chère et honorée dame, la Royne-Mère, » pour la remercier d'avoir bien voulu, à la requête du Connétable, employer l'autorité du roi, afin de le tirer des prisons de Bordeaux. Il aurait voulu aller lui-même lui témoigner sa gratitude ; son « indigence ne l'a voulu permettre, » et aussi dédier son livre au roi : il a craint de paraître solliciter une récompense qu'on n'eût pas manqué de lui accorder, puisqu'on le fait à tous les autres écrivains ou artistes ; mais il a une façon de se montrer reconnaissant, c'est de publier un livre tendant à « multiplier les biens et vertus de tous les habitants du royaume, » et de s'offrir pour *édifier* son jardin de Chenonceaux. Les mêmes sentiments de dévouement sont exprimés dans la troisième épître « à Monseigneur le duc de Montmorency, pair et connétable de France. » Enfin il y a un avertissement au lecteur. Dans ces quatre pièces, où sont racontés avec aigreur plusieurs faits relatifs à sa captivité momentanée, se montre le plus vif désir que l'auteur a d'être utile. « Que les simples, dit-il, soyent instruits par les doctes, afin que nous ne soyons redarguez à la grande iournée d'avoir caché les talents en terre. »

Dans ces dédicaces où ordinairement la

flatterie se donne carrière, Palissy montre son caractère : finesse de paysan, rudesse et bonhomie, austérité de l'homme de foi et habileté d'un homme qui connaît ses gens.

L'ouvrage est par demandes et par réponses. C'est la forme de dialogue qu'employaient Lucien et Platon. Le style en est remarquable. L'écrivain a beau parler (page 11) « de son langage rustique et mal poli. » Phrases de préface ! Il est clair en des matières abstraites, énergique sur des sujets souvent métaphysiques. Le ton est naturel ; le choix des termes toujours heureux. Faut-il aller plus loin ? « On a comparé, écrit M. Cap page 26), le style de Palissy à celui de Montaigne. Son expression en effet est presque toujours vive, primesautière, comme celle du célèbre sceptique. Il l'égale souvent par son tour ingénieux, par une certaine verve de logique, par une liberté de pensée et de langage qui n'exclut pas la finesse et la malice. »

Cet éloge déjà suffisant ne suffisait pas à M. de Lamartine. « Il est impossible, chante-t-il dans son *Conciliateur* du mois de juillet 1852, il est impossible, après avoir lu ses écrits, de ne pas proclamer ce pauvre ouvrier d'argile un des plus grands écrivains de la langue française. Montaigne ne le dépasse pas en liberté, J.-J. Rousseau en sève, La

Fontaine en grâces, Bossuet en énergie lyrique. Il rêve, il médite, il pleure, il décrit et il chante comme eux. » Quand M. de Lamartine se laisse emporter par sa fougue poétique, il va loin. Mais dans son enthousiasme dithyrambique, il n'oublie qu'un écrivain qui n'ait pas égalé Palissy. Sachons-lui en gré : il est si rare de s'oublier soi-même !

LXXXV

La première partie de la *Recepte véritable*, comme l'a remarqué Faujas de Saint-Fond, est consacrée à l'agriculture. L'auteur y émet d'excellentes idées sur les engrais et la manière de les employer. Il faut restituer à la terre par les engrais les sucs que la végétation lui enlève; autrement l'humus, bientôt appauvri, deviendrait complètement stérile. Employez les détritus de végétaux, les matières animales. Rien n'est plus propre à accroître le développement des plantes. Ce sont des idées que nos agriculteurs modernes savent parfaitement mettre à profit. Se doutent-ils qu'ils les doivent à Bernard Palissy?

Il recommande expressément de bien recueillir les eaux pluviales qui, passant à travers les fumiers, sont chargées des principes les plus fertilisants, et qu'on laisse perdre au grand détriment des récoltes, et aussi de la santé publique. Aujourd'hui les agronomes intelligents reçoivent avec beaucoup de soins, dans des réservoirs spéciaux ou des fosses disposées *ad hoc*, le purin des étables et les eaux des fumiers; ils en connaissent tout le prix. Mais dans combien de nos villages ne voit-on pas de ces cloaques infects, de ces mares fangeuses et puantes, où vont s'amonceler les débris du ménage et les litières fétides des animaux, et d'où s'exhalent des miasmes empestés, foyer permanent d'épidémies et d'épizooties !

La coupe des arbres l'occupe, et les fautes qui se commettent dans l'exploitation des forêts. Et ici je ne résiste pas au désir de citer quelques lignes remarquables et par le style et par le ton de sensibilité :

» Va, dit-il à la page 26, va à vn Chirurgien et luy fay un interrogatoire; en disant ainsi, Maistre, il est aduenu à ce iourd'huy, que deux hommes ont eu chacun d'eux vn bras couppé, et y en a vn d'iceux à qui on l'a couppé d'vn glaive tranchant, du beau premier coup tout nettement, à cause que le glaiue estoit bien esguisé : mais à l'autre, on luy a couppé d'une serpe toute esbrechee, en telle sorte qu'il luy a falu donner plusieurs coups, deuant que le bras fust couppé : dont s'ensuit que les os sont froissez et la chair meurtrie, et lambineuse, ou serpilleuse à l'endroit où le bras a esté couppé. Ie vous prie me dire, lequel des deux bras sera le plus aisé à guerir. Si le Chirurgien entend son art, il te dira soudain que celuy qui a eu le bras couppé nettement par le glaiue tranchant, est beaucoup plus aisé à guérir que l'autre. Semblablement ie te puis asseurer qu'vne branche d'arbre couppée par science, la playe de l'arbre sera beaucoup plus tost guerie que non pas celle qui par violence et inconsiderement sera froissée. »

LXXVI

Dans la seconde partie, que Faujas de Saint-Fond intitule *Histoire naturelle*, Palissy entre dans d'intéressants détails sur les sels végétaux qu'on peut extraire par combustion ou par enfouissement; et il émet sur l'action des sels dans la végétation une idée féconde et hardie, dont la pratique servira plus tard. C'est là qu'il montre que la terre « produit continuellement des pierres. » Comment en pourrait-il être autrement? Quelle énorme quantité de pierres est chaque jour détruite, gâtée, réduite en poussière! Il faut que la nature fournisse sans cesse à l'immense destruction de l'homme. Et puis il « a trouué plusieurs fois des pierres (page 36) qu'en quelque part qu'on les eust peu rompre, il se trouuait des coquilles, lesquelles coquilles estoyent de pierre plus dure que non pas le residu. »

Cette opinion de Palissy, nouvelle et vraie, fut reproduite plus tard par un de ses compatriotes, Jean Bitaud, de Saintes, Etienne de Clave, docteur en médecine, et Antoine de Villon, dit *le soldat philosophe.* Leurs thèses devaient être soutenues à Paris, les 24 et 25 août 1624, dans le palais de la reine Marguerite. Mais les partisans d'Aristote, de Paracelse et des Cabalistes s'émurent. La Faculté de théologie de Paris présenta requête au Parlement contre les auteurs, le 18 août. La Cour ordonna que les écrits des trois aspirants au bonnet de docteur seraient déchirés, que de Clave, Bitaud et Villon quitteraient Paris sous vingt-quatre heures; défense leur fut faite d'habiter ou d'enseigner dans les villes ou lieux du ressort. On voit combien la vérité a de peines pour sortir de son puits, et quelle rare audace avait Palissy pour ainsi dire sa pensée.

Cependant Etienne de Clave, après avoir vu déchirer ses thèses, le 4 septembre 1624, reparut quelques années après. On se radoucit à son égard. En 1635, il publia à à Paris in-8°, avec l'agrément du garde des sceaux, Séguier, zélé protecteur des lettres, ses *Paradoxes ou traités philosophiques des*

pierres ou pierreries contre l'opinion vulgaire.
« Il était obscur dans ses écrits, ajoute Gobet après ces détails; mais ses sentiments sont les mêmes que ceux de Palissy, qu'il ne cite point, quoiqu'il paraisse que lui et ses compagnons aient été ses disciples. »

Ensuite Palissy explique l'origine des fontaines; il examine avec détails les pierres calcaires, cherche comment se forment les cristaux, les pierres précieuses, les métaux, et disserte un peu sur les marnes. Tout cela se suit sans beaucoup s'enchaîner. Maître Bernard laissait un peu, comme Mme de Sévigné, sa plume courir, la bride sur le cou.

C'est dans ce premier essai que se trouvent en germe ses principales découvertes en minéralogie, en chimie, en physique. La réflexion et l'expérience les mûrirent et leur firent porter fruits.

« Bernard Palissy, dit M. Chevreul, est tout à fait au-dessus de son siècle par ses observations sur l'agriculture et la physique du globe. Leur variété prouve la fécondité de son esprit, en même temps que la manière dont il envisage certains sujets, montre en lui la faculté d'approfondir la connaissance des choses; enfin la nouveauté de la plupart de ses observations témoigne de l'originalité de sa pensée. »

LXXVII

L'amour de la nature, le goût de la solitude, une certaine mélancolie, fruit de ses malheurs et de ses souffrances, lui inspirèrent le dessein d'un *iardin délectable*, et c'est la description de ce chef-d'œuvre qui occupe la troisième partie de son livre. Il est inutile, à mon avis, de donner une longue analyse de ces pages charmantes et poétiques. On peut consulter à ce sujet l'ouvrage de M. C. Duplessis qui s'y étend compendieusement, ou plutôt l'auteur lui-même.

« Je veux, dit Maître Bernard (page 58), eriger mon iardin sur le Pseaume cent quatre, là où le Prophète descrit les œuures excellentes et merueilleuses de Dieu, et en les contemplant, il s'humilie deuant luy, et commande à son âme de louer le Seigneur en toutes ses merueilles.

« Ie veux aussi edifier ce iardin admirable, à fin de donner occasion aux hommes de se rendre amateurs du cultiuement de la terre, et de laisser toutes occupations ou delices vicieux, et mauuais trafics pour s'amuser au cultiuement de la terre. »

Ce psaume civ^e, sur lequel Palissy revient souvent, se trouve dans le psautier de Clément Marot et de Théodore de Bèze ; c'est le cıɪɪ^e des recueils catholiques, un des plus beaux de ces chants qui le sont tous :

Benedic, anima mea domino ; domine, deus meus, magnificatus es vehementer.

On y retrouve toutes les merveilles de la création : le ciel, tente d'azur ; les nuées, char rapide ; les vents, messagers prompts ; les bêtes sauvages, qui viennent étancher leur soif dans les sources des vallons ; les oiselets qui « font résonner leurs voix sur les arbrisseaux, plantez sur les bords des ruisseaux courans ; » les ruisseaux qui « passent
« et murmurent aux vallons et bas des mon-
« tagnes ; les cheures, daims, biches et cheu-
« reaux des dites montagnes, les conils

« iouans, sautans, et penadans (1) le long de
« la montagne. » Mais c'est dans les vers
de Marot qu'il faut chercher les expressions
dont se sert Palissy.

Tu fis descendre aux valées les eaux,
Sortir y fis fontaines et ruisseaux,
Qui vont coulans, et passent et murmurent
Entre les monts qui les plaines emmurent.

Et c'est afin que les bestes des champs
Puissent leur soif estre là étanchans,
Beuvant à gré toutes de ces breuvages,
Toutes, je dis, jusqu'aux asnes sauvages.

Dessus et prés de ces ruisseaux courans
Les oiselets du ciel sont demeurans,
Qui du milieu des feuilles et des branches
Font résonner leurs voix nettes et franches.

Par ta bonté les monts droits et hautains
Sont le refuge aux chevres et aux daims;
Et aux conils (2) et lievres qui vont vistes
Les rochers creux sont ordonnez pour gistes.

La strophe de Marot est la paraphrase du
verset de David; le jardin de Palissy en veut
être la traduction vivante.

(1) *Penadans, penader,* mot qui, en changeant un peu de
sens, s'est transformé en *panader* au siècle suivant :

Puis, parmi d'autres paons tout fier se *panada,*

dit La Fontaine du geai. Le verbe a encore changé au
xixe siècle; mais les geais se *pavanent* toujours.

(2) J'ai déjà dit (page 78) que *conils, counil* et *cuniculus*
n'étaient que des euphémismes pour désigner poétiquement
le lapin vulgaire.

Il règne dans toute cette description un charme indéfinissable. L'écrivain qui dessine son jardin en comprend toutes les beautés. Pendant que sa main en trace les allées, son cœur s'émeut à la vue des arbres et des animaux : « l'apperceu, dit-il (page 84), certains arbres fruictiers, qu'il sembloit qu'ils eussent quelque cognoissance : car ils estoient soigneux de garder leurs fruits, comme la femme son petit enfant, et entre les autres, i'apperceu la vigne, les concombres et poupons, qui s'estoyent faits certaines feuilles, desquelles ils couuroyent leurs fruits, craignans que le chaud ne les endommageast... lesquelles choses me donnoyent occasion de tomber sur ma face et adorer le viuant des viuans, qui a fait telles choses pour l'vtilité et seruice de l'homme... Ie sortois du iardin, pour m'aller pourmener à la prec, qui estoit du costé du Sus; ie voyois iouër, gambader et penader certains agneaux, moutons, brebis, cheures et cheureaux, en ruant et sautelant, en faisant plusieurs gestes et mines estranges, et mesmement me sembloit que ie prenois grand plaisir à voir certaines brebis vieilles et morueuses, lesquelles sentens le temps nouueau, et ayans laissé leurs vieilles robbes, elles faisoyent mille sauts et gambades en la dite pree. »

LXXVIII

Dans ce jardin seront neuf cabinets, ornés d'ouvrages en terre cuite et émaillée. Les dispositions naturelles du sol y seront encore embellies par des plantations d'arbres, et l'architecture y jettera ses merveilles. Partout des inscriptions tirées de l'Ecriture y rappelleront la pensée du Créateur au milieu des œuvres de l'homme : car il ne faut pas que, dans ce nouveau paradis terrestre, l'exilé puisse oublier la patrie véritable.

« Le jardin de Palissy, ajoute M. Duplessis, est une véritable œuvre d'art... C'est le rêve d'un sensualisme grandiose et délicat, et qui, de la nature tant admirée, ne fait à l'âme qu'un marchepied pour s'élancer jusqu'à Dieu. »

Le rêve se fit-il réalité ?

Palissy ne demandait pas mieux que d'exécuter sur le sol le plan de son jardin si poétiquement tracé sur le papier. Il proposa au Maréchal de lui en construire un à Ecouen ; il offrit à Catherine de Médicis d'aller lui transformer en jardin délectable son parc de Chenonceaux. On dit que les jardins du château de Chaulnes, en Picardie, furent dessinés sur le modèle de celui de Bernard. M. Duplessis prétend, mais sans preuve qu'il en fut tout ensemble le dessinateur et l'entrepreneur. » Les allées du parc de Chaulnes ont été chantées par Gresset au début de sa *Chartreuse* :

> *Je ne suis plus dans ces bocages*
> *Où, plein de riantes images,*
> *J'aimais souvent à m'égarer ;*
> *Je n'ai pas ces fleurs, ces ombrages...*

Elles virent aussi rimer l'abbé de Boismont, prédicateur du roi. Il ne leur manque plus que d'avoir été tirées au cordeau de Palissy.

LXXIX

Maître Bernard semble avoir ambitionné tous les genres de gloire. Jardinier ici, il va devenir là presque phrénologue. Après avoir devancé Lenôtre, il annoncera Lavater, Gall, Spurzheim et le docteur Broussais. En ce génie se réunissent les contrastes les plus surprenants. Nous avons entendu l'idylle, écoutons maintenant la satire ; Lucien après Théocrite ; Juvénal après Virgile. Tout à l'heure il admirait la nature ; il va s'emporter contre les hommes. Peut-être avait-il tant de compassion pour les animaux qu'il ne lui en restait plus guère pour ses semblables.

Un débat s'élève entre divers instruments de géométrie :

« La reigle disoit au compas, Tu ne sçais

ce que tu dis, tu ne sçaurais faire qu'vn rond seulement ; mais moi ie conduis toutes choses directement, ie fais tout marcher droit deuant moy ; aussi quand vn homme est mal viuant, on dit qu'il vit desreiglement. »

C'est un trait que semble avoir pris Molière :

« Lorsqu'un homme a commis un manquement dans sa conduite, soit aux affaires de sa famille, ou au gouvernement d'un État, ou au commandement d'une armée, ne dit-on pas toujours : « Un tel a fait un mauvais pas « dans une telle affaire ? »

« — Oui, on dit cela.

« — Et faire un mauvais pas, peut-il procéder d'autre chose que de ne pas savoir danser ? »

Molière, on le sait, prenait son bien où il le trouvait.

L'équerre prétend à la prééminence, comme le maître de musique veut être au-dessus du maître à danser. Ce n'est pas l'affaire du plomb : sans lui pourrait-on faire muraille droite et bâtiments qui ne tombassent aussitôt ? Le niveau les trouve plaisants de se disputer ainsi le premier rang : « O ces bélistres et coquins, c'est à moi que l'honneur appartient ! » La sauterelle ne veut point céder sa place. L'astrolabe, qui monte plus haut, est véritablement roi de tous les instrumens.

La dispute durerait encore. Palissy arrive ; on le prend pour juge, et il décide qu'ils ne sont que des outils, et que l'homme leur fait beaucoup d'honneur en daignant les employer. *Tolle* général! L'homme est méchant et fou!...

La scène n'est-elle pas charmante? C'est d'un comique achevé. La Fontaine et Molière s'y reconnaîtraient.

Les injures des parties mécontentes donnent à réfléchir au juge. Si elles disaient vrai? « Quoy voyant, raconte-t-il (page 93), il me print envie de mesurer la teste d'vn homme ; mais ie n'y sceu iamais trouuer vne mesure asseurée, parce que les folies qui estoyent en la dite teste lui faisoient changer ses mesures... Il n'y ayoit aucune ligne directe en la teste de l'homme, à cause que sa folie les faisoit toutes fleschir, et les rendoit obliques. »

A défaut de la géométrie, reconnue impuissante, il emploiera l'alchimie. « Quoy fait, ie prins la teste d'vn homme, et ayant tiré son essence par calcinations et distillations, sublimations et autres examens, ie trouuay que veritablement en l'homme il y auoit vn nombre infini de folies, que quand ie les eu apperceues, ie tombay quasi en arriere comme pasmé, à cause du grand nombre des folies, que i'auois apperceu en ladite teste. Lors me print soudain vne curiosité et envie de sçauoir qui estoit la cause de ses grandes folies, et ayant examiné de bien pres mon affaire, ie trouuay que l'auarice et ambition auoit rendu presque tous les hommes fols, et leur auoit quasi pourri toute la ceruelle. »

Il poursuit donc son examen sur plusieurs sujets.

LXXX

La première tête qui lui tombe sous la main est celle d'un Limousin, « grand mixtionneur et augmentateur de drogues. » Il achetait trente-cinq sous la livre de bon poivre à La Rochelle, et la vendait dix-sept à la foire de Niort, et encore gagnait-il beaucoup à ce petit commerce. Ce n'est donc pas d'aujourd'hui qu'on fait du café avec de la chicorée, de la poudre d'orge grillée et du charbon d'os, le pain avec un peu de farine et beaucoup de poudre de cailloux blancs qui se trouvent dans le département de l'Allier, le cognac avec des trois-six de topinambours, le lait avec de la farine délayée, le miel avec de la farine de haricots, le vin avec des baies de sureau. Peut-être ne serait-il pas mal, ne fut-ce que pour être en progrès, de revenir à la vieille méthode : à savoir, de laisser faire le vin aux ceps, l'eau-de-vie au vin, le pain au blé, le moka au caféïer, le lait aux vaches et le miel aux abeilles. Qui sait si, comme autrefois, ils ne s'en acquitteraient pas aussi bien que nous ?

Le Limousin trompait sur la qualité de la marchandise ; mais c'était uniquement pour devenir riche : car il prétendait « que les pauures n'estoyent en rien prisez, et qu'il ne vouloit estre pauure, quoiqu'il en deust aduenir. »

Voltaire était de cet avis : « Il faut, disait-il, être en France enclume ou marteau. J'étais né enclume. »

Il en est plus d'un qui sont Limousins sur ce point, ailleurs qu'à Limoges, et je sais tel pays où, bientôt, pauvreté sera toujours synonyme de probité.

Palissy semble avoir aussi entrevu nos travers de costumes. Quelle élégante ne pourrait-on pas reconnaître dans cette femme d'un sénéchal de robe longue, à qui il disait : « Ne sçauez-vous pas bien que les robes ne sont faites en esté que pour couurir la dissolution de la chair, et en hyuer, pour cela même, et pour les froidures. Et vous sçauez que tant plus les habillemens sont proches de la chair, d'autant plus ils tiennent la chaleur, aussi de tant mieux elles couurent les parties honteuses ; mais, au contraire, vous auez prins une verdugale — lisez *crinoline* — pour dilater vos robes, en telles sortes que peut s'en faut que vous ne monstriez vos honteuses parties. »

Au lieu de le remercier, la dame l'appelle « Huguenot! »

L'expérimentateur prend ensuite en mains la tête du mari, et la palpe : voleur et pillard! d'un jeune homme : vaniteux et insensé! d'un chanoine : hypocrite et gourmand! d'un juge : cupide et prévaricateur! Tous passent par l'étamine. Palissy est bien le contemporain de Rabelais : il en a la malice, la haine des moines et la bonhomie gauloise.

LXXXI

Or, après avoir vu la folie et la méchanceté des hommes, et avoir montré, les persécutions que les Calvinistes eurent à subir à Saintes au commencement, il imagine un plan de ville et forteresse où ses coréligionnaires pourraient se retirer en cas de danger. C'est la quatrième partie de son travail.

Cette forteresse imprenable ne nous paraît qu'une bicoque. Nos canons rayés feraient bon marché de ces murailles construites à si grands frais d'imagination sur le papier. Rien n'est brutal comme un boulet; il renverse l'échafaudage des plus belles inventions et emporte, hélas! sans pitié les rêves du pauvre utopiste. S'il n'emportait que cela!...

Cette première publication se termine (page 122) par ces lignes qu'il faut citer :

« Si ie cognois, ce mien second liure
» estre approuué par gens à ce cognoissans,
» ie mettray en lumiere ce troisiesme liure
» que ie feray cy apres, lequel traittera du
» Palais et plate-forme de refuge, de diuerses
» especes de terres tant des argileuses, que
» des autres : aussi sera parlé de la Merle
» (marne) qui sert à fumer les autres terres.
» Item, sera parlé de la mesure des vaisseaux
» antiques, aussi des esmails, des feux, des
» accidens qui suruiennent par le feu, de la
» maniere de calciner et sublimer par diuers
» moyens, dont les fourneaux seront figurez
» audit liure.

» Apres que i'auray erigé mes fourneaux
» Alchimistals, ie prendray la ceruelle de
» plusieurs qualitez de personnes, pour exa-
» miner et sçauoir la cause d'vn si grand
» nombre de folies qu'ils ont en la teste, à fin
» de faire vn troisiesme liure, auquel seront
» contenus les remedes et receptes pour gue-
» rir leurs pernicieuses folies. »

Voilà où en était de ses projets littéraires Maître Bernard en 1563.

Ce livre sur la plate-forme de refuge, destiné à compléter son traité de *la ville de forteresse*, nous est inconnu. L'opuscule sur la mesure des vaiseaux antiques n'a pas vu le jour, non plus que celui qui devait indiquer les manières de calciner et de sublimer. Enfin les *receptes*, qu'il devait révéler pour guérir la folie dûment constatée par l'examen des cervelles, se sont bornées aux quelques paroles dont j'ai donné un résumé succint. En retour, nous avons son travail sur la marne et les terres argileuses dans les *Discours admirables*. Il y songeait; peut-être l'avait-il déjà composé.

LXXXII

Ce n'est pas le compte de Gobet. Ce « mien second livre, » qui n'est autre chose que le traité de la *ville de forteresse* complétement indépendant de la *Recepte véritable*, a induit en erreur l'éditeur de 1777. Il a réuni en un ces deux opuscules, puis s'est mis en quête du premier livre. Il l'a cru rencontrer dans un pamplet intitulé :

Déclaration des abus et ignorances des Medecins, œuvre très utile et proufitable à vn chascun studieux et curieux de sa santé, composé par Pierre Braillier, marchand apothicaire de Lyon ; pour réponce contre Lisset Benancio, medecin à Lyon, pour Michel Ioue.

Cet assez médiocre ouvrage est dédié, le 1er janvier 1557, à « noble seigneur Claude de Gouffier, comte de Caruasz et de Mauleurier, seigneur de Boysi et grand escuyer de France, » nommé aussi marquis de Caravaz, d'où le dicton populaire : Marquis de Carabas. Claude Gouffier est un des constructeurs du magnifique château d'Oiron, où son pére, Artus Gouffier, et sa mère Hélène de Hangest, tous deux protecteurs intelligents des arts, avaient établi cette célèbre fabrique d'où sont sorties toutes ces splendides pièces, nommées improprement *faïences de Henri II.* C'est peut-être ce goût éclairé des Gouffiers, et en particulier de Claude, qui appelait alors à son château d'Oiron, pour le décorer, tous les artistes sculpteurs, peintres, céramistes, qui aura fait établir entre lui et Bernard Palissy des relations, probables mais non prouvées, et qui aura donné l'idée d'attribuer au potier saintongeais un opuscule dédié au comte de Maulévrier.

Il y a entre la *Déclaration* et la *Recepte* des ressemblances typographiques qui peuvent d'abord faire illusion : mêmes caractères italiques ou romains, mêmes vignettes, même manière d'imposer les sommaires et les fins de matières, même papier. En faut-il plus pour montrer que Michel Jove n'est que Barthélemy Berton, et que Lyon est mis pour La Rochelle? Le nom de l'auteur Pierre Braillier est une nouvelle supercherie, P. B. sont les initiales de Bernard Palissy, interverties pour mieux dérouter les recherches et ajouter créance au pseudonyme.

Faujas de Saint-Fond et Gobet n'ont pas remarqué les différences entre les deux ouvrages. Qu'importent quelques analogies dans la forme? L'imprimerie était-elle donc si développée que chaque typographe eût des caractères particuliers et une manière à lui? Les ressemblances matérielles, qui sont incontestables, prouveraient tout au plus une origine commune. Mais de ce que les deux livres soient sortis des mêmes presses, faut-il en conclure qu'ils sont du même auteur? Palissy est vif, serré, pressant; Braillier est lourd; le style et les idées sont tout à fait contraires. Bernard ne s'en rapporte qu'à l'expérience, et veut voir pour croire; Pierre admet comme démontrés les phénomènes les plus apocryphes. Un lecteur habile, un observateur attentif ne se trompera pas; il rendra bien à Palissy ce qui lui appartient, et à Braillier ce qui est à Braillier ou à quelque autre, ce qui importe peu.

Si ces preuves ne suffisaient pas, il en existe d'autres. Au commencement du traité *Pour trouuer et cognoistre la terre nommée Marne* (page 325), Palissy met dans la bouche de *Théorique* ces paroles :

« Il me souuient avoir veu vn petit traité
» que tu fis imprimer durant les premiers
» troubles, auquel sont contenus plusieurs
» secrets naturels, et mesme de l'agriculture :
» toutesfois combien que tu ayes amplement
» parlé des fumiers, si est ce que tu n'as rien
» dit de la terre qui s'appelle Marne : bien
» sçay-ie que tu as promis par ton liure de re-
» garder s'il s'en pourroit trouuer en Xain-
» tonge et autres lieux. »

Ce « petit traité imprimé durant les premiers troubles » n'est autre que la *Recepte véritable*, publiée en 1563, après le massacre de Vassy, 1562, d'où l'on fait dater les guerres de religion, et la prise de Saintes par les Huguenots, à laquelle peut-être fait allusion Palissy. La *Déclaration des abus* est de 1557, cinq auparavant. Ensuite dans le premier ouvrage de l'auteur, et d'après lui, il est question d'agriculture et de fumier. Or la *Déclation* n'en parle pas. La *Recepte*, au contraire, s'en occupe longuement. Le doute n'est donc pas possible. Le premier livre qu'ait publié Palissy est bien la *Recepte véritable*, à laquelle il a cousu comme appendice les pages sur la *la ville de forteresse.*

Et puis a-t-on réfléchi à cette phrase remarquable où il dit qu'il ne médira pas des médecins, car il en existe à Saintes plusieurs, et notamment Lamoureux, à qui il a de grandes obligations? S'il n'a pas voulu dire du mal des médecins à cause de Lamoureux, pouvait-il publier un pamphlet contre le médecin Collin? En outre, Collin à son titre de docteur pouvait ajouter celui d'ami de Maître Bernard. C'est un fait qu'ont ignoré Faujas et Gobet. Pour les besoins de leur cause, ils ont prêté à Collin un charlatanisme qui appartenait à un de ses confrères, et c'est l'écrivain saintongeais lui-même qu'ils ont appelé en témoignage. Voici les paroles sur lesquelles ils appuient leur jugement; elles sont tirées du traité de *l'Or potable* (p. 228).

« En vne petite ville de Poitou, il y auoit
» vn medecin aussi peu sçauant qu'il y en
» eust en tout le pays, et toutesfois par vne
» seule finesse il se faisoit quasi adorer. » Et sait-on comment? Le tour n'est pas bien malin; on s'y laissait prendre tout de même. Les trompeurs ne vivent que de la bêtise de leurs dupes.

« Il auoit vne estude secrete bien pres de
» la porte de sa maison, et par vn petit trou
» voyoit venir ceux qui luy apportoyent des
» vrines, et estants entrez en la court, sa

» femme bien instruite se venoit assoir sur vn
» bois, pres de l'estude où il y auoit vne fe-
» nestre fermée de chassis, et interrogeoit
» le porteur d'vrines d'où il estoit, et que son
» mari estoit en la ville, mais qu'il viendroit
» bientost, et les faisant assoir aupres d'elle les
» interrogeoit du iour que la maladie prinst
» au malade, et en quelle partie du corps es-
» toit son mal, et consequemment de tous les
» effects et signes de la maladie; et pendant
» que le messager respondoit aux interroga-
» tons, Monsieur le Medecin escoutoit tout, et
» puis sortoit par vne porte de derriere, et
» rentroit par la porte de deuant, par où le
» voyoit venir, lors la dame luy disoit : Voyla
» mon mari, parlez à lui. Ledit porteur n'a-
» uoit pas si tost presenté l'vrine que Mon-
» sieur le Medecin ne la regardast avec fort
» belle contenance, et apres il faisoit vn dis-
» cours de la maladie, suyuant ce qu'il auoit
» entendu du messager par son estude. Et
» quand ledit messager estoit retourné au lo-
» gis du malade, il contoit comme par vn
» grand miracle le grand sçauoir de ce Mede-
» cin, qui auoit conneu toute la maladie sou-
» dain qu'il auoit veu l'vrine, et par ce moyen
» le bruit de ce Medecin augmentoit de iour
» à autre. »

Que dites-vous du procédé?

Cette « petite ville de Poitou » est Luçon, et non Fontenay-le-Comte ; le médecin aux urines est Baptiste Galland, dit Marcou, et non Collin. C'est uniquement pour donner à Palissy la *Déclaration des abus* que Gobet a voulu voir Fontenay dans Luçon, et Sébastien Collin dans Baptiste Galland. On voit combien sont peu solides les fondements sur lesquels les éditeurs ont bâti leur hypothèse.

LXXXIII

Sébastien Collin, médecin, s'adonnait à l'étude des simples. En 1557, impatienté de l'ignorance et des fraudes des apothicaires et barbiers du Poitou, de l'Anjou, de la Touraine et peut-être des lieux circonvoisins, il fit imprimer chez Enguilbert de Marnef, in-16, à Poitiers, bien que le livre indique Tours et Mathieu Chercelé, une diatribe sanglante intitulée :

Déclaration des abuz et tromperies que font les apothicaires fort vtile et nécessaire à vng chascun studieux et curieux de sa santé, par maître Lisset Benancio.

Lisset Benancio est l'anagrame de Sébastien Collin ; on peut s'en assurer.

En 1558, il publia encore chez Marnef un

nouvel ouvrage : *L'ordre et le régime qu'on doit garder en la cure des fièvres*, qu'il dédia à Antoinette d'Aubeterre, dame de Soubise. On voit que ses études le rapprochaient singulièrement de Palissy. De plus, il était, comme lui, calviniste. Aussi des relations amicales s'établirent-elles entre eux. Maître Bernard était allé, en 1555, à Fontenay-le-Comte, à l'époque où la foire célèbre de la Saint-Jean y rassemblait la foule de toutes les provinces de l'Ouest. Sans doute, il y portait vendre ses faïences, qui étaient alors une nouveauté. On sait positivement qu'il y fut alors caution d'un certain Pierre Regnaud, marchand à Saintes. Il rencontra à Fontenay le sénéchal Michel Tiraqueau, fils du célèbre André Tiraqueau, et grand amateur d'objets d'art, d'histoire naturelle et d'antiquités. Il se lia avec lui, et quelques années plus tard reçut l'hospitalité dans sa belle demeure de Belestat. Sébastien Collin, dans les entretiens qu'il eut avec le potier saintongeais, songea sans doute à l'imiter et à profiter de sa découverte.

« Palissy, dit M. Fillon, — *Art de terre chez les Poitevins*, page 135, — impénétrable pour tous quand il s'agissait des secrets de son industrie, fit-il une exception en faveur de Collin, ou se contenta-t-il de lui transmettre des procédés déjà répandus parmi les potiers des environs de Saintes ? Toujours est-il que le médecin fontenaisien se mit à la tête d'une fabrique de vaisselle de terre. » L'acte d'association passé à Fontenay-le-Comte, le 28 septembre 1558, montre « sire Benoist Durand, maistre potier en « terre, et sire Gilles Cardin, maistre tanneur, pleige et caution du dict Durand ; « Abraham Valloyre, potier d'estaing, et « Dydier de Maignac, painctre verrier, « natif de la paroisse de Bourganeuf, en la « Marche, et de present estably audict Fon- « tenay d'une part, et honorables hommes, « M. Sébastien Collin, docteur en medecine, « et Jacob Bonnet, physicien, d'autre part. » Nous y trouvons encore le notaire Nicolas Misère, comme dans l'acte transcrit à la page 17.

Est-il possible, je le demande, que Palissy, probablement hôte de Collin, en 1555, ait, en 1557, attaqué son ami, son coréligionnaire, un médecin, peut-être son élève ? Poser la question, c'est y répondre. *La déclaration des abus* ne peut donc être de l'écrivain saintongeais.

LXXXIV

Quel fut le succès de ce premier ouvrage de l'artisan écrivain? Il est difficile de le savoir. En tous cas, il n'a pas eu beaucoup d'éditions. Ce n'est qu'en 1636 qu'un libraire de Paris, Robert Fouet, réimprima la *Recepte véritable* sous ce titre : « *Le Moyen de devenir riche et la manière véritable par laquelle tous les hommes de la France pourront apprendre à multiplier leurs thrésors et possessions*, avec plusieurs autres excellents secrets des choses naturelles, desquels jusques à présent l'on n'a ouï. »

Le second ouvrage de Palissy, les *Discours admirables*, pour Robert Fouet, s'appelait : « *Seconde partie du* MOYEN DE DEVENIR RICHE *contenant les* DISCOURS ADMI-

RABLES *de la nature des eaux et fontaines,* etc. » Le tout formait deux volumes in-8°.

Le titre était une excellente réclame. Le moyen de devenir riche! qui ne cherche ce rare secret? Robert Fouet, devançant nos libraires contemporains, spéculait sur l'attrait de l'inconnu.

De plus, il avait scrupuleusement expurgé le texte de tous les passages huguenots qui eussent pu blesser les susceptibilités catholiques, et par compensation il l'avait augmenté d'enjolivements faits pour plaire. Le morceau sur lequel l'éditeur fondait sans doute de nombreuses espérances de succès était une épître dédicatoire au peuple français.

On ne voit pas toutefois que ces suppressions, ces additions et ces changements ridicules aient beaucoup profité à l'ingénieux libraire. Le titre trompa Voltaire, lui qui jugeait si légèrement, et fit accuser Palissy de charlatanisme. L'édition ne se vendit pas.

En 1777, Faujas de Saint-Fond, lieutenant-général et vice-sénéchal de Montélimart, professeur au Muséum d'histoire naturelle, et Gobet, secrétaire du conseil du comte d'Artois, trouvant que le moment était opportun pour remettre en lumière les idées du potier saintongeais, donnèrent in-4°, à Paris, une édition des *Œuvres de Bernard*

Palissy. M. P.-A. Cap, en 1844, les a réimprimées dans un volume in-12, à qui, de même qu'aux précédents, on a reproché des incorrections.

Ainsi, outre l'édition princeps, trois éditions, dont une mérite à peine ce nom. Beaucoup d'écrivains n'en ont pas tant eu; peu d'auteurs de la valeur de Palissy en ont eu si peu. Heureusement M. Anatole de Montaiglon réédite en ce moment, d'après les éditions originales, à Fontenay-le-Comte, chez P. Robuchon, une nouvelle édition en deux volumes in-8° sur papier de Hollande des *OEuvres de Maistre Bernard Palissy*, enrichies d'une étude complète sur l'auteur et de notes historiques. On peut attendre du savant professeur de l'Ecole des chartres un ouvrage consciencieux, et vraiment digne de l'illustre artiste.

LXXXV

Palissy avait pour attirer la célébrité sur son nom quelque chose de plus précieux encore que son remarquable livre, j'entends ses émaux. Ils étaient dans toutes les mains; on se les disputait, non pas peut-être avant autant d'engouement que de nos jours, mais avec un empressement qui attestait à la fois et leur mérite et le goût des acheteurs.

« Les faïences de Palissy, dit M. Alex. Brongniart dans son *Traité des arts céramiques*, II, page 65, sont caractérisées par un style particulier et plusieurs qualités qui leur sont tout à fait propres. Les formes du nu sont en général assez pures. Il n'y a point ou presque point de peinture proprement dite, c'est-à-dire de peinture à plat, à couleurs nuancées. Que ce soient des ornements, des représentations d'objets naturels ou même des sujets historiques, mythologiques et allégoriques, ce sont toujours des reliefs coloriés. L'émail est dur et a beaucoup d'éclat; mais on y remarque souvent une multitude de petites tressaillures. Les faïences allemandes en présentent également. Les couleurs sont généralement vives, mais peu variées; elles se bornent au blanc jaunâtre; il n'est jamais arrivé à la blancheur éclatante de l'émail de Luca della Robia. C'est ce blanc qui a été l'objet de ses plus persévérantes recherches. » Or par un caprice singulier du hasard, il trouva tous les émaux, celui-là excepté. « Les pièces à fond blanc qu'il a faites sont rares. Le Musée de Sèvres possède un plat ovale de 52 centimètres de longueur dont le fond est blanc; mais ce n'est pas même l'émail blanc des faïences de Nevers. S'il est supérieur par le ton à celui de Delft, il lui est inférieur par le glacé. Il faisait un jaune assez pur, un jaune d'ocre, un beau bleu indigo et un bleu grisâtre. On y voit encore le vert émeraude par le cuivre et un vert jaunâtre, le violet de manganèse et un brun violâtre.

« Il paraît qu'il avait deux compositions d'émail; l'une plus dure, se laissant très-difficilement rayer avec l'acier, renferme plus d'étain ; l'autre, plus transparente, plus jaunâtre et beaucoup plus tendre, quoique se laissant encore rayer difficilement avec la pointe du couteau ; elle se rapproche par là des bonnes glaçures des faïences fines. On peut dire que dans beaucoup de cas la faïence de Bernard Palissy tenait le milieu entre la faïence émaillée ordinaire, qui est inrayable quand elle est bien faite, et la faïence plombifère, qu'on peut toujours rayer. »

A côté de ces appréciations techniques d'un homme du métier, et que nous pourrions notablement allonger, plaçons la page suivante où M. Camille Duplessis juge les rustiques figulines en poëte et en artiste. Il est difficile de mieux dire :

« On connaît les acteurs ordinaires de ces scènes courtes et familières que Palissy emprunte à ce demi-monde des roseaux, et qui se recrute à la fois dans les trois règnes de la nature. Ils sont tous pleins de naïveté, et la candeur est le trait distinctif et le caractère commun qui les réunit, en mettant sur leur physionomie je ne sais quel air de famille reconnaissable et frappant. Dans ce que j'appellerai le théâtre artistique de Palissy, — et ses œuvres se composent en effet d'une série de types bien saisis, mais dont

il ne sort pas, — la couleuvre tient un des
premiers rangs. Mais ne croyez pas qu'elle y
joue le moins du monde le rôle de traître
de mélodrame. Elle n'a certes pas l'air de
songer à mal, et son indolence annonce des
instincts trop innocents pour qu'elle ait commis la plus petite des perfidies reprochées à
ses sœurs. Elle ne songe qu'à se chauffer,
mollement repliée sur la mousse ou les
feuilles sèches, aux rayons brûlants du soleil, et qu'à étaler la pompe de ses anneaux
luisants et ondulés avec grâce, presque avec
une coquette préméditation. Elle est vaniteuse et frileuse ; mais ce sont là ses deux
seuls défauts. Le lézard, lui, est plus vif,
plus alerte ; il n'a pas cette lourdeur native
et cette nonchalance héréditaire de la couleuvre. Il ne songe qu'à courir et qu'à grimper de son mouvement rapide et un peu
saccadé le long de quelque pan de mur, d'où
le lierre se détache et retombe en grappes
vertes et pendantes. Il a l'œil au guet et la
mine éveillée. Le poisson tantôt nage dans
un filet d'eau vive et d'un bleu à faire envie
au ciel le plus pur ; tantôt gît couché sur le
sable au milieu de cailloux et de petits coquillages. Ses écailles sont toujours magnifiques de teinte et d'éclat, et elles resplendissent comme autant de diamants dès qu'un

rayon de soleil vient les illuminer, et se briser sur leur impénétrable émail comme sur un bouclier ou plutôt un miroir, d'où rejaillit la lumière en gerbes de feu. La grenouille, elle aussi, apparaît souvent au milieu des joncs et des roseaux d'un beau vert bien pur et clair, tachée seulement de quelques marques noires sur le dos, assise sur ses pattes délicates et nerveuses, et prête à s'élancer d'un bond au milieu du marécage. L'écrevisse s'attache, comme avec des griffes, aux fissures du rocher et y laisse briller au soleil son armure grise, étincelante comme de l'acier, et qui lui donne l'air d'un paladin, casque en tête et cuirasse sur le corps. Les plantes s'entremêlent agréablement à ces êtres si brillants et si variés, et relèvent, en les séparant d'une cloison de verdure, les vifs coloris de chacun d'eux. On dirait presque de ces herbes et de cette mousse sur lesquelles reposent doucement les fruits, isolés l'un de l'autre et préservés des dangers d'un contact mutuel. Les lierres, les lichens, les fougères sont les plantes dont Palissy fait choix le plus ordinairement ; et dans ce choix même il montre un tact judicieux : car ces feuilles se prêtaient admirablement à recevoir la préparation et le vernis de l'émail. Les coquillages, les mollusques, les pierres s'entremêlent encore au feuillage et forment avec lui comme un décor sans cesse renouvelé, malgré son apparente uniformité, et dans lequel se déroule, comme dans un cadre fait tout exprès, une simple et naïve action, tirée de la vie de l'univers sous-fluvial et d'entre-joncs, si je puis dire ainsi. Chacun de ces plats est le daguerréotype de quelques millimètres carrés d'un marécage, pris sur le terrain même. M. de Lamartine, dans une gracieuse hypothèse, donne fort bien l'idée de cette opération. « On dirait, écrit-il, qu'une ménagère en lavant son dressoir a enfoncé un de ses plats dans le lavoir, et l'a retiré rempli jusqu'au bord de sable, de coquilles, de débris d'herbes et d'animaux aquatiques. » Une pareille image n'est que l'expression poétique et charmante de la vérité. »

C'est la beauté de ces vases qui faisait dire à un écrivain, plus artiste encore qu'épicurien : « J'avoue que je préférerais le brouet le plus lacédémonien sur un émail de Bernard Palissy au plus fin gibier sur une assiette de terre. »

LXXXVI

Les œuvres émaillées de Maître Bernard se peuvent ranger en trois classes. La première comprend tous les essais de l'artisan jusqu'au moment où, en pleine possession de son secret, il crée les rustiques figulines. Dans cette première période, période de tâtonnements et de lutte, il fabrique, avec l'aide des ouvriers de la Chapelle-des-Pots, des poteries à médaillons en reliefs, analogues à ceux que cette bourgade livrait au commerce depuis plus d'un siècle. Ces reliefs, obtenus à l'aide de poinçons isolés, étaient ensuite recouverts d'émail blanc, et plus tard de glaçures jaspées qui remplacèrent la décoration monochrome. M. Gaudin, avocat à Saintes, possède un de ces vases qui a été retiré de la Charente.

En 1547, laissant de côté les appliques en relief qu'il appelait médailles, il se met à fabriquer les vases à poissons et à plantes. Ses émaux polychromes décorent coquillages et lézards. Les couleurs sont foncées et profondes; les reliefs saillants. Beaucoup de ses animaux ont été moulés sur nature. M. Charrier, juge de paix à Saintes, a un plat de cette manière; il est admirable.

A Paris, Palissy, tout en restant fidèle à son petit monde des marécages, jette cependant l'homme dans la création. Une Madeleine repentie, œuvre d'un collaborateur du potier saintongeais, Barthélemy Prieur, ouvre la marche de cette longue suite de personnages qui vont bientôt reléguer peu à peu les animaux au dernier plan.

« En quatrième lieu, écrit très-spirituellement M. Fillon, c'est-à-dire postérieurement à 1576, les arabesques prennent sur les rebords des bassins et des aiguières, la place des animaux et des plantes champêtres. A peine quelque pauvre lézard vert se trouve-t-il égaré dans le fond violacé d'un plat ou se tient-il piteusement accroché le long d'une anse enrichie de mascarons grimaçants. Il est bien plus maltraité encore par les faïenciers de la *Famille de Henri IV*, qui le relèguent, en compagnie d'une couleuvre ou d'une salamandre, sur un morceau de jaspe, semé de fraises, dont il paraît faire fort peu de cas, tant il se trouve mal à l'aise dans sa cage de balustres ornées de fleurs artificielles ou de festons godronnés. »

Il faut une grande prudence et un rare discernement pour distinguer un vase de Palissy authentique d'un vase apocryphe, et pour l'attribuer à telle ou telle période de son talent. A Paris, Maître Bernard, recherché de tous, émailleur à la mode, pour répondre aux demandes, fit du métier. L'artiste devint commerçant. Au lieu de créations originales, il copia ; il emprunta aux tableaux des maîtres des sujets et des personnages. Bientôt, les exigences du public croissant, il s'adjoignit des artistes qui lui fournirent des patrons et même les matrices des moules qui servaient à décorer ses trop nombreux produits. On connaît les noms de quelques-uns de ses collaborateurs. Ce sont d'abord deux de ses frères ou deux de ses fils, Nicolas et Mathurin Palissy. Un manuscrit de la Bibliothèque impériale, signalé à la curiosité des amateurs par M. Champollion-Figeac, donne leurs noms : c'est un *Etat de dépenses de la Reine Catherine de Médicis* de 1570, dépenses faites pour l'embellissement de son palais des Tuileries et de son jardin. Il porte « qu'on a déli-

» vré à Bernard, Nicolas et Mathurin Palissis,
» sculpteurs en terre, une ordonnance de la
» somme de 2600 livres tournois, pour tous
» les ouvrages de terre cuite émaillée qui
» restaient à faire pour parfaire les quatre
» pans au pourtour de dedans, de la grotte
» commencée pour la reine en son palais léz
» le Louvre, à Paris, suivant le marché fait
» avec eux. »

Après eux, il faut citer Barthélemy Prieur, dont Bernard nous parle lui-même lorsqu'il donne la liste des auditeurs de ses cours publics à Paris : « Maistre Bartholomé Prieur, homme expérimenté ès-arts. » Sa Madeleine repentie prouve sa collaboration.

Enfin, citons François Briot. François Briot était un orfèvre d'un rare talent. Quand il vit le succès des poteries émaillées de Maître Bernard, il éleva un établissement rival, et fit une rude concurrence aux rustiques figulines. Ses œuvres originales étaient moulées. On a plusieurs exemplaires de son magnifique bassin des *Quatre éléments*. M. Calixte de Tusseau en possède un des plus beaux, marqué du monogramme F. B. La collection de M. Sellière, au château de Mello-sur-Oise, en contient un autre qui vient du prince Soltikoff ; il a F, lettre initiale de *François*. D'autres épreuves, moins pures et par conséquent postérieures, ne montrent plus la signature de l'auteur; et comme les émaux en sont tout à fait semblables à ceux de Maître Bernard, tandis que les premières en différaient notablement, M. Fillon croit que les deux établissements de rivaux devinrent amis, et bientôt se confondirent.

Quand Palissy fut mort, ses collaborateurs continuèrent à se servir de ses procédés et de ses moules. De là vient qu'on lui a attribué fort souvent des ouvrages indignes même de son talent. Tel plat a été façonné en 1576; plus tard, on lui a ajouté quelques ornements, et les amateurs prêtent au maître une œuvre qui n'est qu'un moulage de ses élèves. Le plat qui représente Henri IV avec sa famille, d'après la gravure de Léonard Gauthier, date de 1603 au plus. On prétend que la plus ravissante de ses productions, la nourrice du Musée de Sèvres, n'est pas de lui. Il y a encore une délicieuse figure d'enfant qui emporte dans un coin de sa chemise une nichée de petits chiens. La mère suit, inquiète, et adresse, hélas! en vain, un regard suppliant à l'impitoyable ravisseur. Vous verrez que quelque studieux céramiste nous viendra démontrer qu'elle appartient à un autre artiste. M. de Lamartine a déjà transformé le marmouset en fille, et par suite la chemise en robe, comme ce gamin qui ne savait pas distinguer Adam et Ève avant la chûte, parce qu'ils n'avaient ni robe ni pantalon.

En revanche, un écrivain local, M. Lesson, dans ses *Lettres historiques sur la Saintonge*, à la page 286, a parlé des nombreux plats de Bernard Palissy répandus dans la province. On les donnait dans les ventes pour un prix modique. Je le crois bien, surtout s'ils avaient l'authenticité d'un certain vase, « le plus gracieux objet d'art » qu'il ait vu de l'émailleur. Cet objet « avait été découvert en 1840, pendant la démolition du pont de Saint-Jean-d'Angély. C'est une figurine représentant Catherine de Médicis, fort ressemblante, à en juger par les portraits qui nous sont restés d'elle, et dont l'émail, coloré et argenté, est d'une *excessive* pureté. Cette figurine était un vase de senteur. » Qui en douterait ? « La coiffure de la reine se trouvait prise dans le bouchon. » Après deux cents ans !... Cette coiffure était solide. Mais M. R.-P. Lesson, membre correspondant de l'Académie des sciences, aurait bien dû nous apprendre comment on distinguait la coiffure d'une reine de la coiffure d'une bergère, et pourquoi ce lambeau d'étoffe, qui avait séjourné un assez long temps sous l'eau, était une coiffure plutôt qu'un mouchoir... Il est vrai qu'il y avait un bouchon : je l'oubliais.

LXXXVII

Pourquoi Palissy prit-il ses sujets dans la nature vulgaire? Des poissons, des lézards, des couleuvres, des grenouilles, des crapauds, toute la végétation des marécages, voilà ses objets de prédilection. On a bien vite trouvé la raison de cette préférence dans les instincts démocatiques de l'artiste. Voyez plutôt:

« Palissy ne devient tout à fait lui-même, dit M. Camille Duplessis, que lorsqu'il est l'interprète du monde vivant des eaux et des champs; monde inférieur, en quelque sorte, mais au sein duquel il a vécu pendant de longues années, qu'il excelle à reproduire dans toute sa fraîche candeur, et sous la simplicité duquel se cachait une gracieuse séduction et une touchante beauté. *Dans tout ce qu'il choisit, Palissy préfère l'humble et le dédaigné;* mais jamais par une périlleuse et fausse confusion, il ne descend jusqu'au bas et au laid. C'est là un tact merveilleux et qui ne lui fait jamais défaut. Si peu d'éducation qu'il ait pu recevoir, son âme, naturellement grande et née pour le culte du beau et du vrai, ne perd jamais de vue cette nuance imperceptible, cette limite indéfinie et vague qui sépare le repoussé du repoussant; en deçà de laquelle brillent encore les vives étincelles de la beauté, et au-delà de qui commence le domaine obscur et néfaste de l'ignoble et du hideux. »

Plus loin l'auteur ajoute : « De là cette sorte de sympathie pour ces bannis malheureux que le premier il eut la hardiesse de tirer de l'exil, et d'introduire jusque dans les splendides réunions de la cour de France. »

Là, l'expression est encore adoucie; elle est plus vive et plus nette dans le passage suivant de M. Alfred Dumesnil, qui doit avoir inspiré M. Camille Duplessis :

« Palissy reproduit mieux que des plantes et des animaux. Il y a dans toute idée vraie un développement si logique, que de cette espèce de représentation d'une partie ignorée de la nature inférieure, il arrive à d'autres parias de la civilisation au XVI° siècle, non plus des animaux, mais des hommes. Un siècle avant Rembrandt, en France, il prend les pauvres, les misérables, les mendiants des campagnes, joueurs de vielle et de cornemuse, aux vêtements bariolés, au visage rougi par les intempéries, et il leur donne un air de moralité si touchante que dans ces figures je vois le reflet de l'âme de l'artiste. »

Non, Maître Bernard, le protégé du Roi et des plus grands personnages de l'époque, l'artiste qui craint tant d'avilir son art en le rendant populaire, et témoigne en tant d'endroits de son mépris pour les « cordonniers, chaussetiers, vieilles gens, » ne peut être transformé en philosophe humanitaire que par la plus étrange des préoccupations de notre temps. S'il eut été vraiment possédé de cet amour qu'on lui prête pour la foule, pour les masses, comme on dit, pour les créatures abjectes, il eut persévéré dans son affection. Or les rustiques figulines sont de sa première manière. Plus tard, à Paris, il emprunta ses tableaux à la vie des hommes. Mais, chose singulière, il n'a peut-être pas modelé une seule figure humaine originale. Que devient donc son affection pour « les pauvres, les mendiants, les joueurs de vielle et de cornemuse? »

On pourrait plus justement peut-être trouver le motif de son choix dans la loi des contrastes. C'est aux époques de troubles qu'on vante les douceurs de la paix, dans les siècles de luxe raffiné qu'on célèbre la simplicité heureuse de l'âge d'or, dans les temps de dévergondage et de décadence qu'on aime les bergeries, et qu'on entonne l'hymne au progrès. Sous Louis XV, Mme de Pompadour et la Dubarry, on se plaisait aux pastorales. En faisant tomber des têtes, Fabre d'Eglantine chantait ce refrain qu'il avait composé :

Il pleut, il pleut, bergère.

Jamais on ne parla plus de vertu, de sensibilité et de philantropie qu'en 93. C'est Robespierre qui le premier en France réclama l'abolition de la peine de mort. Au temps de Charles IX, la guerre civile sévissant, on rêvait le calme et l'union. Les artistes suivirent l'évolution du goût de la foule ; Maître Bernard les imita.

Une autre raison, celle-ci plus particulière, c'est que l'émailleur représentait ce qu'il avait sous les yeux. Sa flore et sa faune sont la faune et la flore de la Saintonge. Tous ces reptiles, tous ces poissons, tous ces coquillages, toutes ces plantes vivent encore dans la province. Quand il fut à Paris, il y ajouta quelques variétés du bassin de la Seine ; mais déjà les animaux sont plus grêles, les plantes sont maniérées ; c'est une nature de convention. On sent que le potier ne voit plus ce qu'il façonne.

Enfin le plus grave motif qui décida le choix de Palissy, c'est la lecture d'un ouvrage dont il parle dans la dédicace de la *Recepte véritable* au maréchal de Montmorency. Il écrit en effet (page 4), à propos de son projet de jardin : « Ie say qu'aucuns ignorans, en-
» nemis de vertu et calomniateurs, diront
» que le dessein de ce iardin est un songe
» seulement, et le voudront peut estre com-
» parer *au songe de Polyphile.* »

Dans le même temps, c'est-à-dire avant le 31 mars 1547, les faïenciers d'Oiron — on a les noms de deux, Charpentier et Bernart, qui sont les plus célèbres — jetaient timidement sur une coupe, qui appartient aujourd'hui à M. le baron James de Rothschild, quatre petits [ézards en relief. Qui donc copiait? le peintre verrier de Saintes ou les potiers d'Oiron? Ni l'un ni les autres; tous s'inspiraient à une source commune.

En 1546, parut la traduction française de l'ouvrage italien de François Colonna, religieux dominicain, né à Venise en 1433, mort en 1527. Ce livre, obscur et presque inintelligible, est intitulé HYPNEROTOMACHIE ou *Discours du songe de Polyphile.* Publié pour la première fois en 1499, à Venise, par Alde Manuce, il fut réimprimé en 1545, puis traduit en français par un chevalier de Malte, l'année suivante. Une nouvelle édition de cette traduction parut en 1554, et une troisième en 1561. Béroalde de Verville la reproduisit en 1600 avec quelques changements, et l'intitula *Tableau des riches inventions.*

L'ouvrage fut lu, médité, consulté ; ces nombreuses réimpressions le prouvent. Palissy certainement l'eut entre mains.

Voici ce qu'on lit au verso du folio 26 de l'édition parisienne de 1561 :

« Le pavé du fond au-dessoubz de l'eau estoit de mosaïque assemblé de menues pierres fines, desquelles estoient exprimées toutes sortes et manières de poissons. L'eau estoit si nette et si claire que, en regardant dedans icelle, vous eussiez jugé ces poissons se mouvoir et frayer tout au long des siéges où ils estoient portraits au vif ; savoir est : carpes, brochetz, anguilles, tanches, lamproies, aloses, perches, turbotz, solles, raies, truictes, saulmons, muges, plyes, escrevisses, et infiniz autres, qui sembloient remuer au mouvement de l'eau, tant approchoit l'œuvre de la nature... »

Plus loin, au folio 30 il y a :

« Là estoit un petit espace, et, après, une autre courtine plus jolie que la première diversifiée de toutes sortes de coleurs, et de toutes manières de bestes, de plantes, d'herbes et de fleurs... »

Et encore, à la page 71 :

« La vigne emplissoit toute la concavité de la voucte par beaux entrelacz et entortillements de ses branches, feuilles et raisins, parmi lesquelz estoient faits des petits enfans, comme pour les cueillir, et des oiseaux voletans à l'entour, AVEC DES LÉZARDS ET COULEUVRES MOULÉS SUR LE NATUREL. »

Ces extraits, que j'emprunte au livre de M. Fillon où, pour la première fois, a été fait ce rapprochement, montrent clairement que Bernard Palissy s'est inspiré de François Colonna. Il faut donc être très-sobre d'éloges à ce sujet, et ne le pas porter au ciel pour avoir créé une idée qu'il a eu seulement le mérite d'exécuter. Sa gloire est assez grande d'ailleurs pour qu'il ne soit pas nécessaire de lui attribuer ce qui appartient à un autre.

LXXXVIII

L'influence des poteries de Palissy fut considérable, surtout par le nombre de ses imitateurs. Les ateliers qui adoptèrent ses procédés de fabrication et son genre se trouvent par toute la France : Paris et ses environs, Fontainebleau, les provinces du Nord et du Centre, la Normandie. Le Poitou et la Saintonge surtout, lieu de naissance des faïences de Maître Bernard, furent aussi celui où elles prospérèrent le plus longtemps. En 1638, le 10 août, Balzac écrivait à l'abbé Sennet, théologal de Saintes :

« Monsieur,

» Il ne me fallait que deux bassins de terre
» cuite, et j'ay reçu un plein cabinet de

» belle choses... Je le dis sans exagération, et
» vous savez bien que j'ay renoncé pour ja-
» mais à l'hyperbole : ni le bouclier d'Achille
» qu'Homère a décrit, ni les autres riches
» descriptions des autres grands poètes, ni
» la thèse que d'Orléans dédia autrefois à mon-
» sieur le cardinal de la Valette, ni tout ce que
» je vis jamais de plus divers et de plus his-
» torié dans le monde, ne l'est point tant que
» ce que vous m'avez fait la faveur de m'en-
» voyer; et dites après cela, pour diminuer
» la valeur de votre présent que ce n'est que
» de l'argile!... »

De quoi Balzac veut-il parler? Sont-ce des pièces originales de Palissy ou de ses imitateurs? Sortaient-elles de la Chapelle-des-Pots ou de Brizamboug?

On a vu qu'avant Maître Bernard La Chapelle-des-Pots livrait au commerce une foule d'objets. C'est là qu'il apprit les notions premières du potier; il y laissa ses procédés. La Chapelle, jusqu'au milieu du xviie siècle, a fabriqué « plats, assiettes, surtouts, et cloches de table, en forme de femmes vêtues de vastes jupons découpés à jour, buies à double fond, pots trompeurs, écuelles à boire en forme de sabots de paysanne, barils, sébiles, bénitiers, lampes, chandeliers, jouets d'enfants, statuettes de la Vierge et de saints, costumes et caricatures, etc. » On trouve encore à La Chapelle, dès que l'on y fait quelques tranchées, des fragments nombreux de vases du xviᵉ siècle. Les poteries que donne maintenant cette commune sont des plus vulgaires. Il serait difficile d'y reconnaître quelques traces du faire de Palissy.

Voici, d'après l'*Art de terre chez les Poitevins*, les caractères particuliers qui servent à distinguer les faïences de La Chapelle : ils sont au nombre de cinq :

1° Le ton jaunâtre et parfois rosé de la terre selon le degré de cuisson, son grain peu fin et sa propension à s'exfolier ; 2° le choix des reliefs qui consistent principalement en mascarons, oiseaux, lions et animaux divers, fleurs, fleurons, fleurs de lys, armoiries entourées de couronnes de feuillages, bêtes héraldiques, le tout incorrect et grossièrement exécuté ; 3° le ton sourd des émaux agatisés, où se mêlent le brun violacé, le bleu, le vert et le blanc tirant sur le jaune ; 4° les mouchetures vertes et du même ton brun violacé qui couvrent le dessous des pièces ; 5° la façon dont sont formés les cheveux des mascarons de haut relief et des statuettes, qu'on a simulés à l'aide d'une multitude de petits fils de terre fixés un à un.

La faïencerie de Brizambourg, à 18 kilomètres de Saintes, est moins ancienne. Certains historiens, le président Hénault et M. Brongniart, II page 35, prétendent, en la nommant *Brillantbourg*, qu'elle fut créée par Henri IV en 1603. Un document authentique prouve qu'elle existait avant cette époque. Le voici, tel que l'a cité M. Fillon :

Aujourd'hui, troisiesme jour du mois de mars de l'an mil six cents, par devant le notayre royal soubszcript, s'est comparu sire Estienne Sennet, marchand, demeurant en ceste ville de Saintes, lequel, au nom et comme procureur de Enoch Dupas, maistre faencier de Brizambourg et y demeurant, a déclaré qu'il est appelant et a de fait appelé, au dict nom, du jugement donné par le commissaire du siége présidial le vingt et neuviesme du mois de febvrier dernier, entre le dict Enoch Dupas, demandeur, contre noble René Arnaud, escuyer, seigneur de la Garenne, demeurant à Luchat, depbiteur de la somme de six vingt escuz, prix et rayson de vaisselles IMPRESSÉES DE SES ARMES, *modérée par le jugement à celle de soixante et quinze escuz, que le demandeur n'accepte, et dudict appel a requis acte, qui luy a esté octroyé par le dict notayre, pour luy servir au dict nom, et que de raison. Faict et passé les jours et an que* dessus, avant midy, au logis de maistre Jehan Richard, chapellain de la chapelle des Guillebaud, présents à ce appelez noble Jacques Maron, escuyer, seigneur de la Croix, et Loys Dupas, marchand, demeurant à Chermignac et ont signez avec le notayre : E. Sennet, Jacques Maron, Jehan Richard, Loys Dupas, H. Moreau, notayre royal.

L'établissement a disparu, comme le magnifique château des Gontaut-Biron qui l'avaient créé et fait prospérer. Brizambourg fabriquait des pièces dans le genre de celles de La Chapelle-des-Pots. Il en existe encore; mais elles sont rares.

Plus rares encore, ou du moins aussi difficiles à reconnaître sont celles de Saintes. Au XVIIe siècle, la ville de Saintes eut sa faïencerie; peut-être était-elle située aux Roches, ce qui a fait parfois distinguer ces deux fabriques, qui probablement n'en formaient qu'une. M. Fillon décrit une grande bouteille de chasse en faïence blanche, applatie sur les côtés, qui sont ornés de roses et de tulipes; le col très-court est orné d'anneaux alternés de feuillages; deux petites oreillettes ou petites anses géminées permettent de la suspendre; le centre de chaque face est occupé par une couronne de feuillages assez grêles, au milieu desquels se lit d'une part en lettres noires violacées :

ALEXANDRE BESCHET.

C'est le nom d'un des membres d'une famille saintongeaise. Etablie sur la côte d'Arvert, elle se fixa à Saintes vers 1610 ou 1620 en la personne de Béchet, la célèbre jurisconsulte auteur de l'*Usance de Saintonge*, un volume in-4°, 1633. Le fils de celui-ci, prénommé *Cosme* comme son père, fut maire de Saintes en 1662, 1663, 1664, 1673, 1674 et 1675; il était en outre avocat au Parlement de Bordeaux. La *Biographie saintongeaise* les confond, et ajoute à la vie du premier toutes les années du second.

De l'autre côté on lit cette marque :

P. P.
A l'image N. D.
à Saintes
1680

Les initiales P. P. doivent indiquer le nom du fabricant qui avait pour enseigne l'*Image de Notre-Dame;* Alexandre Beschet est sans doute celui qui avait commandé cet ustensile pour son usage.

La Rochelle eut aussi ses fabiques de vases de terre. En janvier 1673, sous l'administration de Colbert, fut fondé par l'administration municipale l'hospice Saint-Louis. Le nouvel établissement était autorisé à créer des manufactures de toutes sortes, dont il vendrait et débiterait les produits sans être assujetti aux droits de douane. On y installa une faïencerie; mais après peu de temps, par suite des plaintes portées par le commerce de la ville contre la concurrence inégale qui lui était faite, et en présence du peu de bénéfices qu'elle rapportait, l'administration en éteignit les fours. L'échec ne découragea pas les Rochelais; car l'Aunis et le Poitou sont remplis de faïences qui sortent de leurs usines.

LXXXIX

Est-ce parce qu'il y a eu des pots et des assiettes décorées en bleu à La Rochelle au XVIIe siècle, qu'on y fait habiter Bernard Palissy au XVIe? Est-ce plutôt simplement un de ces caprices de biographes dont la vie de l'émailleur saintongeais nous présente de si nombreux exemples? Je le croirais. Mais devant le témoignage unanime des historiens topiques on hésite, et il faut savoir combien peu ils sont exacts pour ne pas ajouter foi à leurs affirmations.

M. Lacurie, dans sa *Monographie de Saintes*, nous montre Maître Bernard « retiré à La Rochelle où il put librement suivre la religion nouvelle. » M. Rainguet prétend « qu'il quitta Saintes et vint à La Rochelle. »

Le plus explicite est encore M. Massiou. Lisez sa page 79 du tome IV, et vous jugerez ensuite s'il est possible de débiter plus de sornettes sur un homme dont on est censé le compatriote et le biographe.

« Palissy quitta bientôt une ville dont les préjugés enchaînaient l'essor de son génie, et alla se fixer à La Rochelle.

« Dans cette ville florissaient alors les médecins Coyttar, de Thairé et de Launay, ce dernier auteur d'un livre sur la *Faculté et vertu admirable de l'antimoine;* le botaniste Mathurin Motaye, que Poupard qualifie de fort grand chercheur d'herbes et savant apothicaire; Sponde, commentateur d'Homère; Boucher, traducteur en vers de la *Pandore*, poëme latin de l'évêque d'Angers; une foule d'autres écrivains célèbres pour le temps. Ce fut au milieu de ces illustrations scientifiques et littéraires de l'époque, au sein d'une population progressive, que le potier de Saintes donna carrière à ses inspirations, et qu'à la vue d'une coupe en émail, ornée d'arabesques, il pressentit et résolut de découvrir l'art de fabriquer les émaux. »

Ce passage a évidemment inspiré un écrivain qui, en juillet 1864, prétendit dans un journal de Saintes que, si Palissy s'est mis, en 1539, à chercher l'émail, c'est qu'il se fit protestant cinq ans plus tard, et qui traita de « cerveaux arriérés et lourds » ceux qui trouveraient étrange son affirmation. Je suis de ceux-là, et en lisant l'article, je me suis humblement frappé la poitrine, j'en fais modestement l'aveu... « Cerveau arriéré et lourd ! » je me croyais bien un peu cela ; m'en voilà convaincu.

Ainsi, ce n'est pas à Saintes, c'est à La Rochelle que s'éveilla le génie de Palissy, « au sein d'une population progressive. » Quoique né à Rochefort, vous habitiez La Rochelle, Monsieur Massiou !...

Saintes ne fut qu'inhospitalière à son potier, et il fit bien d'en sortir. Comment ne pas croire à tout cela? Lesson l'assure, et ajoute (page 291) : « Un jour, il put s'écrier : « *Et moi aussi, je suis peintre !...* » Rainguet le dit, et ajoute (page 436) : « Il s'écria, dit-on, avec enthousiasme : « *Et moi aussi, je serai peintre !..* » Il est vrai que M. Rainguet copie M. Lesson, qui copiait M. Massiou. Je me permets pourtant une observation : puisque Rainguet et Lesson traduisaient, pour la prêter à Palissy qui ne la leur demandait pas, l'exclamation du Corrége à la vue d'un tableau de Raphaël :

« ANCH'IO SON PITTORE, »

Et moi aussi, je suis peintre !...

ils auraient bien pu lui faire crier :

« *Et moi aussi, je suis émailleur!...* »

c'eût été plus naturel, et il ne leur en aurait pas coûté davantage.

Il est vrai que Palissy eut à La Rochelle des amis comme il en eut à Saintes, à Fontenay-le-Comte, à Paris. J'ai cité déjà François Bauldouyn. C'était encore « vn Bourgeois, nommé l'Hermite, » qui lui « auoit fait présent de deux coquilles bien grosses. » C'était Louis de Launay, médecin pensionnaire de la ville, qui publia, en 1564, in-4°, chez Berton, un livre sur la *Faculté admirable de l'antimoine*. Palissy adopta son sentiment. En vain un arrêt du Parlement de Paris proscrivit l'antimoine comme poison ; Maître Bernard et L. de Launay ont eu raison devant la médecine moderne.

Mais les amis ne font pas le logis, s'ils le remplissent, et je ne crois pas au séjour du faïencier à La Rochelle. Pouvait-il abandonner son atelier ou le transporter avec lui ?

XC

Palissy resta à Saintes jusqu'au moment où il quitta la Saintonge. En 1563, il avait publié sa *Recepte véritable*; en 1564, toujours besogneux, même après ses succès, il faisait un emprunt. C'était assez de déboires et de misère. Un événement le vint arracher à la demi-obscurité où il vivait, et le jeter sur un plus vaste théâtre : je veux parler du voyage de Charles IX en Saintonge.

Au mois de septembre 1565, Charles IX, qui revenait de visiter les provinces méridionales de son royaume avec toute sa cour, fit une entrée solennelle dans la capitale de la Saintonge. Partout il cherchait à éblouir les regards des populations par un grand appareil de puissance et de majesté. « Jamais, disent les mémoires de Blaise de Montluc, on ne dépensa tant en festins, en bals, en tournois et en toutes sortes de magnificence. » Amos Barbot nous a laissé la description des fêtes de La Rochelle en cette occasion. Ces fêtes furent splendides aussi à Saintes. Aucun historiographe ne nous en a conservé les détails. Voici cependant quelques lignes inédites du chanoine Tabourin.

« *En l'an mil cinq cens soixante-cinq, le roy Charles fit son entrée en cette ville. Toutes les relicques furent mizes tant sur le grand autel que aux chapelles. Lequel M. de Xaintes et tout le cœur du chapitre furent iceluy recevoir en procession jusques à la tour de Montrouble et le conduisirent jusques au canton de Saint-Michel; et puis le roy s'en alla tout le long de la grande rue, et M. de Xaintes et le chapitre s'en alla passer par la porte de l'églize qui estoit vers le simetière de l'églize, et puis s'en allèrent rendre à la porte qui est vers l'evesché là où il y auoit un grand tapis tendu par le dehors et l'autre par le dedans, et là luy fut présenté par M. le doyen une chape qui lui auoit été préparée devant le grand autel au-dessus duquel siège il y avoit ung voile, et n'y auoit point de barreaux ni d'entre-deux entre le cœur et le dit grand autel, et avaient esté hostés pour voir tout le long où le roy estoit agenouillé.* »

De Saintes, le monarque, après quelques jours de repos, se rendit, le 11 septembre, à Saint-Jean-d'Angély. Le 12, la cour dîna au château du Parensais, en Aunis, et le 13 à la Jarrie; le 14, elle était à La Rochelle, où elle resta jusqu'au 18.

C'est dans la capitale de l'Aunis que M. Benjamin Fillon suppose la présentation de Palissy au roi. J'ai le regret de ne pouvoir partager le sentiment du consciencieux érudit de Fontenay. Charles IX et Catherine de Médicis séjournèrent à Saintes. Le connétable de Montmorency leur faisait escorte. N'est-il pas plus naturel de penser que c'est à Saintes que le protecteur de l'artiste présenta au roi et à la reine-mère l'inventeur de leurs rustiques figulines? Le potier avait là le moyen de montrer à toute la cour ses belles faïences émaillées. Catherine de Médicis, en voyant ses œuvres, comprit mieux le génie de l'artisan qu'elle n'admirait que par ouï-dire, et dès lors résolut de mettre à profit ses talents de céramiste.

L'année suivante, Bernard quitta la Saintonge. Un document trouvé par M. Jourdan, juge d'instruction à La Rochelle, atteste sa présence à Paris en octobre 1567. Il y était sans doute depuis quelque temps. Catherine de Médicis n'avait pas oublié l'artisan saintongeais. Elle le logea aux Tuileries ;

<blockquote>Et le pauvre potier est presque un grand seigneur,</blockquote>

ainsi que, dans sa charmante pièce patoise, *Maître Brenard Parici*, le dit en un vers concis M. E. Giraudias,

<blockquote>. . . . . tout avoucat qu'il est.</blockquote>

XCI

Palissy, à Paris, travailla activement à ses émaux, si activement que son art ne progressa plus. D'autre part, il faisait d'incessantes recherches et des découvertes importantes en géologie, en physique, en chimie. C'est pour développer ses idées, alors fort nouvelles, et leur faire subir l'épreuve de la discussion publique, que, pendant le carême de 1575, il fit afficher dans tous les carrefours de Paris que, moyennant un écu, chacun pourrait assister à trois leçons qu'il ferait. Il y eut foule, et surtout une foule choisie : on y remarquait Ambroise Paré, le célèbre chirurgien à qui Laval, sa ville natale, a, en 1840, élevé une statue en bronze due à David, d'Angers; des gentilshommes, Lordin de Saligny, en Bourbonnais; des savants, des médecins, etc. Ses cours durèrent dix ans. En 1580, il publia le fruit de ses expériences, et sans doute le résumé de ses leçons. C'est dans le livre intitulé *Discours admirables* qu'il faut chercher le Palissy durable, le Palissy immortel. Nous aurions plaisir à analyser ces beaux traités où, au milieu des quelques erreurs qui appartiennent à l'époque, se montrent tant de vérités nouvelles qui sont bien à l'auteur.

Dans ces remarquables essais, on trouve toutes les découvertes qu'il a pressenties ou signalées : la porosité des corps, ce principe hydrostatique que les eaux ne montent jamais plus haut que les sources d'où elles proviennent; la théorie des puits artésiens; la formation de la glace et la dilatation des liquides; cette idée dont Newton profitera pour deviner la décomposition de la lumière, que le phénomène de l'arc-en-ciel est produit par le passage des rayons du soleil à travers la pluie; l'affinité ou attraction, dont il a l'idée sans la pouvoir définir exactement; l'origine et la formation des pierres; l'explication des faluns. N'est-ce pas assez pour assurer à Maître Bernard une renommée durable, même quand auront disparu tous les plats qui ont fait sa vogue ?

Bernard Palissy, qui avait échappé une seconde fois à la mort dans la boucherie de la Saint-Barthélemy, et qui avait trouvé asile à Sédan chez le gendre du duc de Montpensier, Henri-Robert de la Marck, duc de Bouillon, protecteur des Huguenots, fut jeté en prison pendant la Ligue. Je ne crois pas à toute cette invraisemblable mise en scène, dont Théodore Agrippa d'Aubigné a fait les frais. Le pamphlétaire-historien a trop d'erreurs et de contradictions dans son récit pour qu'un esprit sérieux y puisse ajouter foi. On reconnaît l'arrangeur lettré jusque dans ce mot de Sénèque qu'il traduit pour le mettre en la bouche du potier saintongeais. Cette visite de Henri III, dans un moment où son trône tremblait sous lui, me semble apocryphe. J'espère montrer tout ce qu'il y a de faux dans les paroles de d'Aubigné. Il n'est pas moins vrai que Bernard, mis à la Bastille sur les instances d'un ancien huguenot, fut sauvé du feu par le duc de Mayenne. Il mourut dans cette prison, en 1590, à l'âge de quatre-vingts ans.

XCII

Résumons cet essai de biographie incomplète par ce jugement sommaire que porte sur Palissy M. Henri Martin, dans son ix⁰ volume d'*Histoire de France*. Cette page tiendra lieu d'une appréciation plus développée que j'avais l'intention de faire, et dont elle me dispensera avantageusement :

« L'ensemble du mouvement scientifique de cet âge (le xvi⁰ siècle) se résume dans un homme qui fut chez nous à la fois le savant le plus profond et l'un des plus habiles artistes de la Renaissance, Bernard Palissi, né en Agenais (?), homme admirable par le cœur, la raison et l'imagination, une des plus riches natures et des plus complètes qui aient existé. Doué d'une merveilleuse variété d'aptitudes, géomètre, dessinateur, architecte (?), sculpteur, peintre à l'huile (??) et sur verre, ses premiers travaux portèrent un cachet de haute utilité ; il débuta par perfectionner la science naissante de la topographie ; il parcourut toute la France, promenant en tous lieux et sur toutes choses un regard auquel rien n'échappait ; il ouvrit dans la physique et dans la chimie, qu'il s'efforçait d'arracher à l'alchimie, cette voie expérimentale que Bacon éclaira plus tard des lumières de la théorie. Presque illétré, ignorant le grec et le latin, son heureuse ignorance fit sa force, et lui permit de n'avoir, au lieu des hommes, que la nature pour maîtresse : rien ne lui retint le bras, tandis qu'il abattait avec une ardeur héroïque les préjugés qui empêchaient la science de grandir. Sa persévérance était plus héroïque encore : on sait avec quelle constance il poursuivit, douze années durant (1543-1555)(?), la recherche de la composition des émaux ; abandonnant l'existence facile que lui assuraient ses talents dans l'arpentage et dans la peinture sur verre, réduit à la plus extrême misère, assiégé par les reproches de sa femme et les pleurs de ses enfants, il vendit ses dernières hardes et brûla ses derniers meubles pour alimenter son fourneau. De ce fourneau, qui, pareil à la cornue de l'alchimiste, avait englouti toutes les ressources de cette pauvre famille, sortirent enfin la fortune et la gloire : les sculptures en terre émaillée de Palissi, les « rustiques figulines, » luttèrent triomphalement avec les faïences des della Robbia et les émaux sur cuivre de Léonard Limousin.

« Le connétable, la favorite (?), la reine, se disputèrent le patronage de l'artiste enfin vainqueur. Le Florentin Girolamo della Robbia avait propagé en France, sous François Ier, le goût et la décoration des édifices en terre cuite coloriée et avait revêtu le château de Madrid presque entier d'une robe d'émail; Bernard Palissi décora Ecouen de semblables ornements, qui n'ont laissé par malheur que bien peu de traces, et y exécuta, de plus, les célèbres vitraux de l'*Amour et Psyché* (?); il fut également appelé au château royal de Saint-Germain (?), et au château d'Anet, chez Diane de Poitiers (?). Il put désormais, pendant trente ans, malgré les périls des guerres religieuses, livrer l'essor à son génie dans toutes les directions : les *Essais*, qu'il publia de 1557 (?) à 1580, en portent témoignage. Après les considérations les plus nouvelles et les plus judicieuses sur les arts qui embellissent le séjour de l'homme et sur ceux qui assurent sa subsistance, sur l'agriculture, sur l'architecture, sur l'ordonnance et la culture des jardins, il passe en revue la nature entière, surtout l'économie de la terre et des eaux, et jette d'une main hardie les premiers fondements de cette majestueuse science géologique, dont l'édifice ne doit s'élever qu'après deux siècles. Il forma le premier cabinet d'histoire naturelle qui ait existé chez nous ; avec une méthode d'une admirable simplicité, il y faisait la démonstration publique de ses principes et de ses découvertes ; ainsi que Ramus et Paré, il avait su trouver la forme de sa pensée, et le nerf et l'éclat de son style exprimaient complètement la force de son esprit et la grandeur de son âme. Cet homme austère et pieux se fit protestant comme Ramus, comme Turnébe, comme les Estienne, comme Jean Goujon, comme Paré, et montra le même dévouement à sa foi religieuse qu'aux progrès de l'art et de la science. »

Je me suis permis de mettre des points d'interrogation aux endroits qui m'ont paru faux ou inexacts ou douteux. Au lecteur de rectifier lui-même les erreurs de l'historien.

Comme appréciation générale, quoiqu'un peu superficielle, cette page est exacte. Je ne saurais mieux terminer.

— FIN —

TABLE

	Pages
Préface....................................	v
I — Bernard Palissy, né en 1510,........	1
II — peut-être en Agenais, apporté au maillot en Saintonge,......................	3
III — était d'une famille presque bourgeoise,...............................	16
IV — quoiqu'il n'ait jamais eu la particule nobiliaire	20
V — Le portrait qu'on donne de lui n'est pas plus authentique.................	24
VI — que les légendes fabriquées sur son enfance...........................	26
VII — Il est certain qu'il apprit la peinture sur verre,..........................	34

	Pages
VIII — et que, l'apprentissage terminé, il partit pour son tour de France.........	33
IX — Il visite la Guyenne,.............	37
X — la Gascogne...................	41
XI — les eaux minérales des Pyrénées....	45
XII — les villes du midi, la Bourgogne...	49
XIII — et plus tard, quoique pour plus de régularité, nous mettions ici tous ses voyages, l'Allemagne, les Provinces rhénanes,...........................	54
XIV — les Ardennes.................	59
XV — la Flandre, la Picardie, la Normandie........................	68
XVI — la Bretagne, l'Anjou, le Poitou, etc., et fait partout de remarquables observations ou découvertes.............	71
XVII — Ses voyages achevés, il s'établit à Saintes, d'abord au *quai actuel des Roches*,...........................	74
XVIII — comme le montrent une pétition adressée au conseil municipal de Saintes,	76
XIX — les paroles de Maître Bernard lui-même et la tradition;...............	82
XX — puis sur l'emplacement qu'occupe aujourd'hui sur le *quai des Récollets*, le *café de la Couronne*, ainsi que le prouvent une pièce authentique de 1576,........	84
XXI — une ordonnance de 1575,........	88
XXII — l'histoire, et le plan de la ville en 1560...........................	91

XXIII — Là, il fait des vitraux pour les

Pages

églises; et, en 1542, est chargé par le général des finances Boyer de lever le plan des marais salants de la Saintonge;..... 94

XXIV — ce qui lui donne occasion de parcourir l'île d'Oleron, Marennes, Soubise, Brouage, etc.;.................. 97

XXV — de décrire les plantes, animaux, monuments de la province............ 103

XXVI. — Quoique fixé à Saintes, il fait des courses en Angoumois, Périgord, et trouve en Touraine des faluns, dont, le premier, par une intuition de génie, il donna l'explication;......................... 109

XXVII — ce qui lui valut d'être appelé « charlatan » par Voltaire, et « potier de Louis XIII »..................... 114

XXVIII — Marié, et à une Saintongeaise, chargé de famille, il cherchait déjà, en voyant une coupe émaillée qu'il avait rencontrée dès 1539 ou 1540,........... 118

XXIX — et qui avait, très-probablement, été apportée d'Italie, et peut-être par Antoine de Pons,..................... 122

XXX — à découvrir l'émail, et au prix de tourments effroyables, à en fabriquer une semblable...................... 126

XXXI — Il fait quelques essais à la Chapelle-des-Pots, à la Vieille-Verrerie...... 129

XXXII — Un jour, à bout de ressources, il brûle ses meubles et le plancher de sa chambre......................... 135

XXXIII — recommence à chaque instant ses essais toujours imparfaits,............ 139

XXXIV — et, comme l'a représenté M. Vetter, accablé de tristesse, insulté, menacé, 145

XXXV — abandonne son entreprise, mais pour un moment; car bientôt il se remet à l'œuvre avec plus d'ardeur. Pour préserver ses vases du feu, il invente les *cazettes* dont on se sert encore aujourd'hui. Le succès enfin couronne seize ans de persévérance.. 148

XXXVI — Peut-on, après cela, reprocher à Palissy de n'avoir pas voulu révéler le secret de l'émail qui était son unique gagne-pain?................................. 155

XXXVII — La révolte des Sauniers, en 1548, amène en Saintonge le connétable Anne de Montmorency qui apprécie le talent de Bernard Palissy,................. 159

XXXVIII — et l'emploie à la décoration de son château d'Ecouen................ 162

XXXIX — Après les Sauniers, les Huguenots. Ceux-ci sont un peu en Saintonge la conséquence de ceux-là................. 166

XL — Palissy, croyant revenir à un catholicisme plus vrai, va au protestantisme... 176

XLI — que Calvin avait prêché en Angoumois et peut-être en Saintonge,........ 179

XLII — et que lui enseignèrent Philibert Hamelin et Antoine, sire de Pons....... 183

XLIII — Sans être effrayé par les mésaventures et la mort de frère Robin,........ 190

	Pages
XLIV — Palissy supplie pour Hamelin, qu'à Saintes on laisse presque échapper, et qu'à Bordeaux on condamne au supplice.....	194
XLV — Au milieu des sévérités qui frappent les Calvinistes en armes,...........	197
XLVI — et marquant çà et là leurs victoires par des excès,...................	199
XLVII — Palissy prêche la Bible, puis cède la place au ministre Claude de la Boissière que ses fidèles empêchent de frayer avec la noblesse, tiennent dans la ville, réduisent à boire de l'eau et à manger sans nappe,...................	202
XLVIII — mais qui ose prêcher publiquement sous la halle, toléré par le maire Pierre Lamouroux ou Lamoureux et le grand-vicaire Geoffroy d'Angliers.......	207
XLIX — Les Protestants, à qui le synode de Saint-Jean-d'Angély a permis de prendre les armes,.................	209
LX — se signalent par leurs violences, à Angoulême, à La Rochelle, à Saint-Jean-d'Angély,......................	212
LXI — se rendent maîtres de Saintes par trahison,.........................	215
LXII — Mais en sont bientôt expulsés par les habitans qui célèbrent leur délivrance par des menaces et des avanies aux *parpaillots*.........................	219
LXIII — Palissy reçoit une sauvegarde du duc de Montpensier; et dans son irritation	

		Pages
	accuse à tort un des juges de Saintes, Louis Guitard..........................	223
LXIV	— Malgré la sauvegarde, il est arrêté, conduit à Bordeaux, et bientôt relâché...	227
LXV	— Anne de Montmorency lui obtient le brevet d'*inventeur des rustiques figulines du roy*;.....................	232
LXVI	— et de retour à sa maison, le potier,.	237
LXVII	— entouré de ses amis, Babaud, avocat, Nicolas Alain, médecin, Pierre Goy, maire,......................	239
LXVIII	— Samuel Veyrel, apothicaire,...	245
LXIX	— Pierre Sanxay, apothicaire et pasteur,............................	247
LXX	— Pierre Lamoureux, médecin, Lamothe-Fénelon,.................	252
LXXI	— travaille à ses faïences ; et se décide à publier la *Recepte véritable* à La Rochelle, chez Barthélemy Berton, qui prit à tort une marque et une devise qu'on attribue faussement à Palissy.........	255
LXXII	— Son livre, divisé en deux parties,.	260
LXXIII	— a en tête des vers de F. B. qui n'est que François Bauldouyn, pair et échevin de La Rochelle,.............	263
LXXIV	— une dédicace au maréchal de Montmorency et une lettre à Catherine de Médicis....	267
LXXV	— La première partie traite de l'agriculture ;.........................	271

	Pages
LXXVI — la seconde de questions de physique et de géologie;	274
LXXVII — à quoi s'ajoutent la description, d'après le psaume CIV^e	277
LXXVIII — du fameux *jardin délectable ;*	281
LXXIX — une dispute curieuse entre divers instruments de géométrie,	283
LXXX — et un examen, d'après le système phrénologique, de divers crânes	287
LXXXI — A la fin, il annonce divers ouvrages en préparation :	290
LXXXII — ce qui fait que Gobet lui attribue la *Déclaration des abus* qu'il n'a pas composée,	292
LXXXIII — puisque c'était un pamphlet contre Sébastien Collin, un de ses amis..	300
LXXXXV — Outre son livre qui eut trois éditions,	303
LXXXIV — Palissy avait, pour attirer la célébrité, ses émaux appréciés ici par un savant et par un littérateur,	306
LXXXVI — et qui se rangent en trois classes, caractérisées chacune par des différences sensibles, mais qui exposent cependant à de nombreuses erreurs, comme la réjouissante bévue de M. Lesson	312
LXXXVII — On a cherché à expliquer par instinct démocratique la préférence de Palissy pour les reptiles et les animaux dédaignés, tandis qu'il s'inspirait tout simplement du livre d'un artiste italien	318

LXXXVIII — L'influence de Maître Bernard fut considérable, particulièrement à la Chapelle-des-Pots, à Brizambourg, aux Roches, à La Rochelle............... 325
LXXXIX — C'est peut-être l'établissement de faïenceries dans la capitale de l'Aunis qui a fait croire aux historiens saintongeais que c'était à La Rochelle qu'il avait découvert l'émail.................... 332
XC — Après tant de déboires, l'artiste eut des jours plus heureux. Il fut, à Saintes, présenté par Anne de Montmorency à Catherine de Médicis qui l'appelle à Paris.. 336
XCI — Il échappe à la Saint-Barthélemy, fait des cours publics, et meurt à la Bastille en 1590................. 340
XCII — et dans le chapitre XCII qui devrait être seulement le LXXXII°, si, par erreur, on n'avait sauté sans transition du XLIX° au LX°, est apprécié sommairement Palissy d'après M. H. Martin..... 343
Table........................ 351

SAINTES, TYP. LASSUS, PLACE DU SYNODE, 1.

DU MÊME AUTEUR

POÉSIES ;

F. PÉRON : sa vie, ses voyages et ses ouvrages ;

POÉSIES NOUVELLES ;

LES POÈTES PROPRIÉTAIRES.

VIENT DE PARAITRE

Chez AUG. AUBRY, *éditeur, rue Dauphine, 16, à Paris*

LES OUBLIÉS

I

André Mage de Fiefmelin

poète du XVIᵉ siècle.

A PUBLIER

Epigraphie santone.

SAINTES. — TYP. LASSUS, PLACE DU SYNODE, 1.

www.ingramcontent.com/pod-product-compliance
Lightning Source LLC
Chambersburg PA
CBHW060617170426
43201CB00009B/1048